Não ditos populares

# Não ditos populares

## Rodrigo Bedritichuk

*Crônicas*

© Moinhos, 2019.
© Rodrigo Bedritichuk, 2019.

*Edição:*
Camila Araujo & Nathan Matos

*Assistente Editorial:*
Sérgio Ricardo

*Revisão:*
LiteraturaBr Editorial

*Diagramação e Projeto Gráfico:*
LiteraturaBr Editorial

*Capa:*
Sérgio Ricardo

*Nesta edição, respeitou-se o Novo Acordo Ortográfico da Língua Portuguesa.*

Dados Internacionais de Catalogação na Publicação (CIP) de acordo com ISBD

---

B413n
Bedritichuk, Rodrigo
Não ditos populares / Rodrigo Bedritichuk.
Belo Horizonte, MG : Moinhos, 2019.
196 p. ; 14cm x 21cm.
ISBN: 978-85-45557-79-1
1. Literatura brasileira. 2. Crônicas. I. Título.
2019-270

CDD 869.89928
CDU 821.134.3(81)-94

---

Elaborado por Vagner Rodolfo da Silva — CRB-8/9410

Índice para catálogo sistemático:
1. Literatura brasileira : Crônicas 869.89928
2. Literatura brasileira : Crônicas 821.134.3(81)-94

Todos os direitos desta edição reservados à
Editora Moinhos
editoramoinhos.com.br
contato@editoramoinhos.com.br

# Sumário

7 Apresentação

TEMA: A VIDA
11 Economia doméstica
14 Let it go e Let it be
17 Horário de verão
20 Só na memória
23 Serviço essencial em casamento
25 Salvo-conduto para vascaínos
29 Homens vs. Coisas
33 As grávidas
36 Sobe ou desce?
39 Jornada de uma vida
42 Cabeça de criança
45 Open house
49 Livro rabiscado
52 O que Colombo descobriu
56 O Gol
59 De novo
62 A opinião pública em pessoa
65 Sexta-feira
67 Pa-pai
70 Juntar as escovas (e a pasta) de dente
73 Pai de duas
77 Distrações
80 Unha quebrada
83 Saudades de ficar doente
86 Gosto da tristeza
88 Escambo
91 Solidariedade universal
94 Inconvenientes de um pomar
97 Jaca

*99* Dublado
*102* A Nona
*105* Duas procissões
*108* Filosofia grega por um americano

Tempo: Essa geração
*113* Netflix: somos todos milionários
*116* Tribos urbanas
*119* Instagramizados
*122* Informação assimétrica
*125* 30 anos
*129* Trailer da vida
*132* A ilusão dos concursos públicos
*136* Conexão contínua
*140* Apocalipse cesariano
*143* Diário no mural da escola
*146* Desorganizados

Local: Brasília
*151* Qual setor?
*153* Setor Hospitalar Sul
*156* Brasília ou Santorini
*159* Orgulho pedestre
*161* Tomar um banho de multidão
*164* Conjunto
*168* Os imortais da 313
*171* W3 Sul
*175* Janeiro em Brasília
*178* Paralisia de chuva
*181* Passarela da morte
*183* Terremoto em Brasília
*185* Um bandolim no médico
*188* Vamos gourmetizar Brasília
*191* A fé do borracheiro
*193* Pode ser por um real?

# Apresentação

Há pessoas com uma história de vida tão sensacional, tão cheia de reviravoltas, de conquistas e fracassos, que a gente pensa que dava até um livro. Muitos romances são escritos para essas pessoas, quer elas existam de fato ou não. A crônica é a literatura que se debruça sobre as pessoas comuns. Situações comuns, eventos corriqueiros, conflitos cotidianos.

O leitor tem às mãos um livro com 60 crônicas.

Um breve passeio panorâmico por diversas situações que constituem a matéria-prima do ordinário e que, no entanto, também se prestam a construir o inesquecível.

Como qualquer narrativa, que trabalha com os elementos *o quê, quando* e *onde*, o livro tem tema, tempo e local – os três grandes capítulos nos quais as crônicas estão agrupadas. O tema é a vida, a vida comum, com toda sua grandiosidade de histórias pequenas. O tempo, como diria Drummond, é o tempo presente, dos dilemas dessa nova geração. O local é Brasília, capital do poder, mas que no livro esvazia-se da política para ser apenas o local onde se passam as histórias, cidade como outra qualquer.

O livro vai assim despretensioso, buscando colocar em palavras o que está no dia a dia do vulgo, talvez com o intento velado de conferir certa dignidade ao cotidiano, ambição que, se não cumprida a contento, pelo menos abre espaço para deixar a literatura se ocupar das grandes histórias.

TEMA: A VIDA

# Economia doméstica

Como bom cidadão dessa república de bacharéis, onde diploma serve para pendurar na parede e fazer as vezes de título de nobreza, a cada dia me convenço de que tenho o meu – diploma de economia – só para constar.

O conhecimento econômico que ainda uso hoje qualquer leigo tem – taxa Selic, inflação, PIB, keynesianismo. No fundo do baú ainda avisto algumas teorias, o modelo de James-Tobin, o IS-LM, teoria do consumidor, cálculos complicados, noites de estudo, provas e trabalhos que hoje são justamente tralhas que a gente guarda num baú. Olhamos os objetos, vivemos as memórias que nos trazem, e, como não sabemos bem o que fazer, deixamo-los ali mesmo, no baú, quem sabe sirvam para algo útil no futuro.

Mas há um conhecimento específico de economia que logrei aplicar na minha rotina. Trata-se de uma adaptação de um saber acadêmico para a realidade do dia a dia. Espécie de economia doméstica, desenvolvida no contato duro com as batalhas do cuidado da casa, especialmente na atividade de lavar louças.

A primeira aplicação é a da economia de escala. A atividade produtiva incorre em custos fixos e variáveis. Sendo relevante a proporção dos custos fixos, há um ganho em aumentar a escala de produção, pois reduz-se o custo individual de cada bem. Vamos à pia.

A sujeira foi pouca – algo como dois pratos e um copo, por exemplo. Instado a lavar essa pequena louça, recorro à teoria econômica. É melhor deixar para depois, quando houver mais louça suja. O custo que terei em termos de detergente, água, esforço físico e tempo será o mesmo, ou quase o mesmo, lavando dois ou quatro pratos, um ou três copos. Por isso, melhor deixar acumular um pouco mais. Economia de escala.

Acumulou, e agora vem a esposa pedindo para eu dar um jeito e lavar tudo. Ela, uma máquina da limpeza que maneja pratos e bucha com desenvoltura e que em cinco minutos deu conta do recado. Eu, um desajeitado, lento, que até consegue realizar o serviço, mas depois de meia hora. Aí me lembro de David Ricardo e da teoria das vantagens comparativas.

Simples. Para maximizar os ganhos de troca no comércio internacional, cada país deve se especializar na produção de bens cuja produtividade seja maior. Tentar produzir de tudo importará no emprego do capital de forma improdutiva, o que levará a uma queda na quantidade e na qualidade dos bens produzidos em comparação com o que poderia ser obtido se cada país se especializasse naquilo que faz de melhor.

Pois bem, para maximizar a qualidade de vida da casa, melhor aplicar a especialização e as trocas. Ela, mais produtiva no ofício da pia, faria o serviço rapidinho. Eu, especialista na organização, ou na arrumação da cama, poderia me dedicar exclusivamente a essas tarefas. No final, todos naquilo que fazem melhor, e a casa só teria a ganhar. Invertidas as tarefas, ou uma só pessoa fazendo as duas coisas, e teríamos um desperdício de esforço. Vantagens comparativas.

A esposa não engole essa história de Ricardo e determina que eu mesmo lave a louça acumulada. Chega a hora de encarar o desafio. Dirijo-me à pia. Caminho como um condenado ao patíbulo. Espera um pouco, que dia da semana é hoje? Bingo, a diarista vem amanhã cedinho. Falo que é melhor deixar a louça para a diarista lavar amanhã.

A esposa me olha de cara feia, mas argumento com mais teoria econômica: digo que os agentes buscam maximizar utilidade e reduzir custos, que os agentes reagem a expectativas, que os comportamentos se adaptam aos incentivos. Não há problema em deixar essa loucinha para amanhã, minha atitude é perfeitamente válida num cálculo econômico.

Mas acaba o momento da conversa. Ela não fala mais nada, e continua a me encarar com olhar incisivo. Entendo o que ela quer dizer, e termino a noite lavando aquele monte de pratos, panelas e tudo o mais.

As teorias econômicas, aplicadas nessa economia doméstica, não me livraram do ofício da pia. Talvez economia mesmo seja comprar uma máquina de lavar louça.

# Let it go e Let it be

Sigo no carro calmamente. Sábado, quatro da tarde, ruas vazias, trânsito tranquilo. Coloco um velho CD que contém alguns clássicos dos Beatles. Começa a tocar Let it be. A voz de Paul McCartney é propícia para essa tarde pacata e ensolarada. Palavras de sabedoria.

Minha filha, no entanto, da cadeirinha lá de trás, pede Let it go. Quando era bebê, ela adorava Hey Jude, mas, agora que tem vontade própria, acho que ouviu a frase Let it be e pediu o Let it go, pois aprecia mais a versão da Elsa.

Elsa – como essa loirinha tem me assombrado. Há um balão de gás que uma das avós comprou para minha filha, claro, com imagens da Elsa e sua irmãzinha. O balão não murcha. Já está lá pelo escritório há umas três semanas. Levanto de madrugada para beber água e me deparo com aquele vulto, com olhos grandes e um sorriso aberto me encarando. Um fantasma? Um ladrão? Não, apenas a Elsa a flutuar pela casa. Susto após susto nessas noites até eu me acostumar com a nova moradora da casa.

Falo para minha filha que agora é hora de Let it be. Ela insiste em Let it go. A esposa intervém em favor da filha. Vamos ouvindo Frozen para já ir entrando no clima da festa, diz ela. O quê? Outra festa infantil com tema do Frozen? Afirmativo. É a quinta festa que vamos no ano com esse tema.

Mais cedo, naquela manhã, havíamos saído para comprar o presente da aniversariante. Entramos na loja de brinquedos, e advinha qual música estava tocando no DVD da loja? Sempre aquela. O clipe da Elsa, lançando poderes de suas mãos, construindo um palácio de gelo e cantando

Livre Estou com voz estridente. A vendedora vem ajudar: procurando algo específico? Um presente para menina. Temos esse quebra-cabeça do Frozen em promoção, ou a fantasia da Elsa com um preço ótimo. Elsa, Frozen, parece perseguição...
 Não tenho nada contra o filme ou a Elsa. É até legal. Conflitos familiares, amor fraternal, o bem descongelando a frieza do mundo e um visual bacana. Na verdade, tenho três ressalvas. Primeiramente, precisava ter virado febre mundial, e por tanto tempo? Em segundo lugar, a música-tema do filme, o célebre Let it go, retrata a fase rebelde da Elsa. O mesmo aconteceu no Rei Leão: o protagonista tem um conflito, foge de seus problemas, tem a consciência restaurada e depois volta para resolver a situação. Mas a música-tema, nos dois casos, retrata a fase da rebeldia: Hakuna Matata ("os seus problemas você deve esquecer") e Let it go ("no right, no wrong, no rules for me, I'm free"). A mensagem que fica dos filmes é essa. A terceira ressalva é que há animações mais legais que poderiam ter ocupado o posto de febre entre as crianças – o Enrolados, por exemplo, é bem melhor que Frozen na minha opinião.
 Pois lá vou trocar Beatles por Frozen no carro. Sai a voz calma de Paul McCartney para entrar a canção exaltada da Elsa; na primeira, quase como uma confissão de um homem maduro diante das intercorrências da vida; na segunda, a autoconfiança típica de uma adolescente que acha ter encontrado a liberdade. Vamos ouvindo Let it go. Um grito de autenticidade de uma representante dos millennials. Posso ter exagerado, a jovem é apenas uma personagem de um filme de animação. Let it be.
 Chegamos à festa. Mal estaciono o carro e já três meninas vestidas de Elsa e uma de Anna passam correndo e

brincando. Sentamo-nos à mesa, toda decorada com enfeites do Olaf. Ao fundo, a música novamente: Let it go. Na verdade, toca a versão em português, Livre Estou. Como já sou perito na música, acho a versão em português até melhor que a versão original; o timbre da cantora é mais feio, mas os agudos são menos estridentes e enjoativos do que no inglês.

A música toca umas dez vezes, mas tudo bem, que já estou acostumado. Vamos aos parabéns. Antes, entretanto, uma atração especial. Eis que entra uma atriz mirim vestida de Elsa e depois outra de Anna, e passam a encenar cenas do filme para delírio da criançada e choro de alguns. Novamente, Let it go. Nesse ponto, já com a paciência estourada, sussurro para mim mesmo: Let it be.

Vamos embora do evento, carregando mais dois balões a gás do Frozen, lembranças do aniversário. Acidentalmente, na hora de entrar no carro, um balão escapa das mãos e sai voando pelos ares. Minha filha fica brincando com o que sobrou lá no banco de trás do carro. O balão estoura e assusta todo mundo. Pena. Nada de balão. Chegamos em casa, e eis que jaz, amassado no chão, o terceiro balão da Elsa, agora completamente murcho. Não teremos mais a companhia da ilustre princesa de Arendelle. Livre estou.

# Horário de verão

Como se o governo viesse e obrigasse cada um a acordar uma hora mais cedo. Como se o governo tirasse de todo mundo uma sagrada hora de sono por dia. Então chega aquela época do ano em que temos de nos acostumar a dormir menos apenas porque o governo quer economizar energia.

Cálculos tristes de pessoas que gostam do inverno. Será que terei que explicar todo ano que, quando os relógios são adiantados, a gente acorda uma hora mais cedo, é verdade, mas também vai dormir uma hora antes? No resultado líquido, as horas de sono são as mesmas.

E sem essa de que o corpo estranha e tal. Pode até estranhar, mas não mais do que dois dias ou no máximo uma semana. Depois se acostuma. Ou me diz se há alguém que vá à Europa e passe lá seus quinze dias fazendo turismo de madrugada porque não se "acostumou" ao novo fuso.

E, por último, a alegação de que é ruim para quem acorda cedo. Sair de casa ainda na escuridão da noite quando os ponteiros batem já seis da manhã. Ruim pode ser, mas nada de anormal. Acordar antes do sol nascer sempre foi hábito de toda a humanidade e nem por isso o mundo deixou de ser mundo, nem as pessoas passaram a viver seus dias em mau-humor e desgosto. E esses madrugadores têm o privilégio de assistir ao resplendor da alva e também – surpresa! – têm uma hora a mais de luz no final do dia.

Não, nada de justificativas econômicas, de arrazoados técnicos. O horário de verão tem fundamento poético: permitir que os homens vejam o pôr do sol. Todos os dias, de outubro a fevereiro. Meses claros, dias longos, horas a mais de luz. Concessão especial do governo: fica decretado o adiantar do relógio em uma hora para que vocês, homens sombrios e atarefados, quando saírem do trabalho às seis, se deparem com o céu das cinco, e possam contemplar o espetáculo que há muito têm perdido.

Outubro chega já com cara de fim de ano, mas, quando se descobre que o horário de verão começa no próximo domingo, é sempre a mesma reação: "já?". E de repente a tarde de trabalho acaba mais rápido, porque não vai desvanecendo naquela monotonia sincronizada do fim do expediente com a despedida desbotada do sol. Sair ainda com o sol a pino tem gosto de escapada no meio da tarde, daquelas que só se tinha quando era estudante. E então tudo tem ar de libertação, como o prisioneiro solto que quer sorver as últimas gotas de sol daquele dia. Importa aproveitar o fim do dia – é essa a disposição alimentada pelo horário de verão.

Funciona também o horário de verão como o horário especial *do* verão. Fim de ano, festas, férias, viagens. Humor contagiante, boas expectativas, encerramento de ciclos, novos projetos, descanso. Nada como o verão, o fulgor da natureza no intervalo das estações. Nada como um horário especial para celebrar essa época festiva. A alegria estampada no céu ainda claro de sete horas. Bares e restaurantes fervilhando no *happy hour*. Parques com atletas novos encorajados pelo crepúsculo tardio. Praças e alamedas com amantes a namorar na luz dourada do entardecer. Coisas da união do verão com o horário de verão.

A vida é mais vida banhada pela luz do sol, principalmente a luz de fim de tarde, que ilumina mas não queima. A gente é mais humano quando degusta o pôr do sol como iguaria mais sublime e mais ordinária. E no horário de verão é como se o processo todo se desse lentamente, exibindo-se com vagar agora que tem a atenção de todos. A chegada da noite é transição suave, antecedida por um lusco-fusco azul anil pontilhado de faróis e postes e neons já ligados.

Burlar a natureza em uma hora, criar a hora própria dos homens em desacordo com a cadência dos astros para que o dia seja mais longo. O desejo de deter a noite para esticar a longevidade do dia; filosoficamente análogo ao desejo de deter a morte para esticar a longevidade da vida.

Para alguns, um artificialismo que viola a sacralidade natural do tempo. Artificialismo sim, mas que permite melhor apreço do ciclo ininterrupto de eventos naturais que forma o tempo. Além do que, igualdade aritmética entre dia e noite, doze horas para cada, é circunstância só dos trópicos. Seja no sul da Argentina, na Polônia ou na China, no inverno escurece por volta das quatro da tarde e no verão o sol só se vai às dez. Praticar horário de verão é mais adequação ao restante do mundo do que propriamente uma tortura ao relógio em busca de economia.

Seis horas da tarde e chego ao último parágrafo deste texto iluminado exclusivamente pela luz solar. A bela luz das cinco que a gente vê melhor às seis.

# Só na memória

O gol mais bonito de Pelé, segundo diversos jornalistas e o próprio jogador, foi contra o Juventus de São Paulo. O rei do futebol deu uma série de três chapéus nos adversários, entrou na pequena área e também chapelou o goleiro, completando com uma cabeçada para o gol. Não há registro em vídeo da obra-prima. Curioso, dos 1.281 gols marcados por Pelé, o mais bonito calhou de ser um dos poucos que não foi filmado. Sorte de quem estava no estádio naquele agosto de 1959. Um momento histórico registrado apenas na memória.

Conheço um casal que não teve o privilégio de ter o próprio álbum de casamento. Até contrataram um fotógrafo profissional, que passou a noite fotografando os noivos e os convidados. Mas o infeliz, ao final da festa, caiu de bêbado em uma piscina com máquina e tudo, perdendo todos os registros do casamento. Nesse caso, o momento histórico na vida dos noivos, apesar de registrado em fotos, não serviu para nada. Para não passar batido nos porta-retratos das décadas vindouras, o jeito foi botar novamente o fraque e o vestido três semanas depois, e simular, o noivo e a noiva apenas, uma festa de casamento com direito a algumas fotos.

Momentos sem registros. Momentos cujos registros se perderam. E tudo o que fica é a memória. Que pode se apagar. Que pode se enganar, desbotar, confundir. Mas também pode dourar situações ordinárias, tornando-as maiores do que realmente foram. Em tempos de filmagens Ultra HD, é até compreensível que existam pessoas que não desejam o registro acurado de determinadas situações.

Conheço um amigo que dispensou as diversas tecnologias de filmagem que poderia utilizar em seu casamento. Contratou apenas o fotógrafo. Mas por que fotos e não o vídeo? Fotos são instantes paralisados no tempo, e captam a alma do momento, disse ele. Já as filmagens mostrariam, com nitidez absurda, os borrões das maquiagens na hora do choro, gravatas tortas, choros de bebês e bagunças de crianças, o passar de tempo longo a talvez até cansativo da cerimônia, o que não corresponde à realidade. A realidade, para ele, é a lembrança dourada e bela guardada na memória, apenas isso.

Certa vez segui esse seu pensamento, de deixar uma lembrança propositalmente sem registros, apenas na caixa sépia da memória. Estávamos nos alpes alemães em um ensolarado verão. Fizemos um passeio de barco pelo lago Königssee.

Quando entramos no barco e deixamos a terra firme, deixamos também a civilização, o mundo dos homens, e ingressamos num santuário natural, onde a natureza intocada parecia ainda viver os primeiros dias da criação. O lago era estreito e cercado por altas montanhas dos dois lados. A água esmeralda e cristalina era um calmante visual. À frente, escarpas todas cobertas de pinheiros exalando o forte verde do verão, e, no alto, o céu azul perfurado pelos picos pedregosos das montanhas.

Os paredões pareciam esconder algum paraíso perdido, e navegar naquelas águas era como penetrar um segredo. No caminho, cascatas brotavam das pedras e abasteciam o lago com a água pura da neve das montanhas.

Até que o barco parou e desligou o motor. As conversas no interior da embarcação cessaram e todos olharam para os lados para entender o motivo. Estávamos em frente ao "paredão do eco", local no meio do lago, de onde é possível ouvir até sete vezes o som que se propaga pelo vale e se reflete em uma grande parede de pedra. Um senhor da tripulação levantou-se e empunhou um trompete, mirou a parede e assoprou calmamente quatro notas, que retornaram limpas, suaves, como que purificadas pelo interior das montanhas, ecoando por todo o vale.

A vontade, claro, foi pegar o celular para filmar aquela beleza sonora, registrá-la e levá-la para casa, para poder assistir depois ou compartilhar com os outros. Mas deixei de lado a tentação, e me entreguei ao momento. O senhor tocou mais quatro notas, e depois mais quatro, e assim por diante, criando uma melodia tocante e comovente, um som a brotar da quietude do lugar. A emoção foi paralisante, de sorte que, assim como eu, ninguém da embarcação quis interromper o momento para filmar (e olha que havia muitos japoneses!).

O "som das montanhas" ficará gravado apenas na memória. Talvez seja melhor assim. Guardar uma lembrança na memória é como um segredo, protegido do escrutínio da opinião alheia, protegido da banalização. A memória desbota e engana, mas é insubstituível para confeccionar momentos únicos, como o gol mais bonito ou a melodia mais tocante.

# Serviço essencial em casamento

Vamos casar. O noivo acha que é só ver a lua de mel e a casa para morar. A noiva fala do vestido, do salão, do buquê, da decoração e apresenta ao noivo um novo e surpreendente mundo, cheio de contratos para serem assinados.

Os meses passam. Os noivos fazem a lista de convidados. Cortam nomes, acrescentam alguns de última hora. Acertam o número total. Fecham o local. Escolhem o fotógrafo. Escolhem a empresa de vídeo.

Os dias passam nessa agitação, e os cheques vão sendo assinados. Fecham a decoração. Vão a degustações de bufês e docinhos (parte palatável da saga). Escolhem o bufê e os docinhos. A noiva escolhe finalmente o vestido e consegue espaço na agenda daquele salão de beleza prestigiado. Fecham a gráfica para os convites. Escolhem em qual empresa ficará a lista de presentes. Escolhem as madrinhas e os padrinhos. Escolhem a empresa de manobristas. Escolhem a banda para tocar na cerimônia. Escolhem as músicas da cerimônia.

Parece que tudo já está pronto. O noivo respira aliviado. A noiva um pouco apreensiva, esperando que tudo dê certo no dia. Agora é só esperar.

Mas falta ainda alguma coisa.

Os noivos idealizam a cerimônia e a festa em suas cabeças, tentando imaginar o aguardado dia, e ver se tudo sairá conforme o planejado. Pensam no dia lindo e sem chuva, nos convidados chegando, deixando os carros nos manobristas, sentando-se para assistir à cerimônia. Os padrinhos e madrinhas se aglomerando naturalmente, o noivo já presente, recebendo os cumprimentos e a banda tocando. Até aí tudo certo, não é?

Não. Falta alguma coisa.

E o que falta são quatro ou cinco mulheres, vestidas de terninhos pretos, comunicando-se entre si por rádios, passando apressadas e esbaforidas pelos convidados. Falta essas mulheres procurando desesperadamente por alguns padrinhos, e encontrando-os ali mesmo, na fila dos padrinhos.

Falta essas mulheres, com semblante sério, falando umas com as outras pelo radinho, contando novamente os padrinhos e as madrinhas, dando dicas óbvias, como sorrir para o fotógrafo e caminhar num passo normal.

E o principal: ao imaginar a noiva adentrando o salão, deslumbrante, com o vestido e o penteado que sonhou nesses últimos meses, com andar confiante e gracioso, o noivo rindo bobo e emocionado, algumas tias já chorando, os convidados todos de pé – ao imaginar toda essa cena, ainda falta alguma coisa.

Falta contemplar duas dessas mulheres de preto saírem correndo de onde estão somente para passar na frente de todos, sem discrição, e ajeitar o véu da noiva! Véu, diga-se de passagem, que já desliza naturalmente pelo chão, sem qualquer ajuda. Mas elas precisam disputar o protagonismo com a noiva, aparecer em todas as fotos, aparecer no vídeo, para ajeitar o véu da noiva a deslizar pelo chão. Falta essas mulheres sumirem justamente quando a noiva sair e o véu enganchar em algo pelo chão.

Falta essas mulheres dando ordens nos noivos, nos padrinhos, nos pajens, no pessoal da banda de música, comunicando-se sem parar no rádio, procurando padrinhos para tirar fotos, aborrecendo o fotógrafo.

Falta pagar por esse serviço. Nenhum casamento é completo sem isso. Falta contratar o cerimonial.

# Salvo-conduto para vascaínos

Troca-se de tudo hoje em dia. Profissão, cônjuge, casa, partido político, operadora de celular (bendita portabilidade) e até sexo. Reflexo talvez da modernidade líquida, para usar a expressão da moda, comum a partir dos livros de Bauman.

Há, no entanto, uma mudança jamais aceita pela nossa sociedade, que é a mudança de time. Não se ouve de ninguém que, tendo torcido por quinze anos para o Cruzeiro, agora mudou para o Palmeiras. Isso é impossível. No máximo, existe a concessão regional: torço para o Cruzeiro, mas simpatizo com o Palmeiras em São Paulo. Nesse caso, não há mudança, mas incorporação.

A escolha do time é talvez a primeira grande decisão da vida do menino. Agitado pelos vitoriosos do momento, o garoto compra a camisa do último campeão brasileiro, gosta do vencedor da Copa do Brasil, e se maravilha com a torcida do campeão estadual. Isso sem deixar de torcer para o time do pai.

Chega uma hora, porém, em que a escolha deve ser feita em definitivo. Cada família coloca seu prazo final, mas em geral ele não passa dos dez anos. É um ritual de passagem: agora, meu filho, chegou o momento de escolher seu time, sua torcida, sua paixão no mundo da bola, pense bem, pois essa decisão não tem volta e o acompanhará pelo resto de sua vida.

Dos vários tipos de infidelidade, talvez o mais repudiado socialmente seja o do vira-casaca. O sujeito que troca de time depois de atingir a idade da razão. Tipo abjeto, fraco, que se ilude pelo vencedor do momento e abandona sem pudor o time de sua infância. Merecedor de todo o tipo de escárnio de amigos e conhecidos.

Devem-se respeitar as tradições.

Mas sugiro aqui uma quebra parcial de paradigma. Proponho concedermos um salvo-conduto para que vascaínos mudem de time. Uma janela de transferência, um passe livre temporário para que os amigos cruzmaltinos possam – sem acusações, sem constrangimentos, sem hostilidades – escolher outro time para torcer. Inclusive, seria de bom alvitre se cada um pudesse dar as boas-vindas aos vascaínos, convidando-os, cada qual, ao seu respectivo time.

Acolher vascaínos é medida humanitária, à semelhança dos refugiados de guerra. São todos vítimas das circunstâncias. Mas se há problemas políticos e econômicos em receber refugiados nos países ricos, não há nenhum óbice ao acolhimento de vascaínos nos diversos times grandes do Brasil.

Como não se compadecer de torcedores que cantam, em seu grito de guerra mais famoso, sobre um "gol do Juninho no Monumental", em 1998 (há mais de vinte anos)? Três vezes rebaixado à Série B do Brasileirão. Administração falida. O eterno vice. O Vasco da Gama se transformou em um pseudotime, certamente um ex-grande do futebol brasileiro.

Os estaduais dos últimos anos não contam. Primeiro porque carioca não pode entrar na contabilidade dos campeonatos importantes, por razões evidentes. Depois porque foram meros deslizes em uma trajetória constante ladeira abaixo. Sobressaltos de fôlego em um doente terminal.

Alguém pode querer estender a medida aos botafoguenses. Não abramos concessões demasiadas. Os casos são diferentes.

O botafoguense é um torcedor apaixonado, embora quase sempre sofredor. O botafoguense se empolga com seu time, lota o aeroporto para receber Seedorf, cria gritos de guerra novos e vive na expectativa de contratações internacionais que resolverão o problema de elenco. Por diversas vezes possui um time bem armado, que joga bem, mas falha nas horas decisivas. A carência de títulos importantes remonta ao Túlio Maravilha de 1995. Por isso o Botafogo não entusiasma novas gerações e está fadado ao definhamento natural quando envelhecerem seus torcedores atuais. Mas ainda assim o botafoguense torce, acompanha seu time e vibra com o futebol.

Bem diferente é o vascaíno. O vascaíno é um torcedor que não torce. É alguém que foi aposentado compulsoriamente do futebol. Às vezes triste, às vezes cabisbaixo, mas sempre indiferente.

Os mais persistentes deram de torcer para times internacionais a fim de preencher a carência: Real Madrid, Chelsea, Inter de Milão. Outros debandaram para esportes diversos, assistem NBA e fingem empolgação com o Super Bowl. Mas a maioria virou aquela espécie de desinteressado da bola, que "torce para o Brasil", e ainda assim só na época de Copa do Mundo.

O problema é que os vascaínos gostam de futebol e não mereciam estar nesse estado indigente. Andam pelos cantos, tímidos, desalentados. Em roda de conversa entre amigos, o vascaíno é aquele que ri, que ouve os papos de futebol, mas não se atreve a ir além, a comentar, a defender seu time. Tampouco tem ele autoridade moral para pilheriar com a derrota alheia.

Quarta-feira à noite o vascaíno liga a TV, vê o gramado verde e a bola rolando, e sente algo de bom dentro do peito – alguma reminiscência longínqua o lembra de que ele já foi feliz no futebol. Mas logo ele é trazido à dura realidade. E já não se encontram mais de três vascaínos que se reúnam para ver algum jogo do gigante da colina – não é mais atração.

A bonita camisa com a faixa preta pode até ser usada, mas não mais como estandarte da vitória. A última vez que os vascaínos saíram de casa orgulhosos com a camisa foi após ganharem o carioca de 2015, com a campanha "o respeito voltou". Terminaram o ano rebaixados no Brasileirão.

Mas a situação pode mudar. Se o salvo-conduto for concedido, em breve poderemos ver amigos e parentes precocemente aposentados do futebol sorrindo novamente, frequentando estádios, participando de conversas e sentindo orgulho de seus times.

Espero que todos apoiem a ideia.

# Homens *vs.* Coisas

Existe por aí uma obsessão com um possível conflito entre homem e máquina. Cenários pós-apocalípticos, robôs tomando o controle do planeta enquanto humanos organizam resistência.

O temor é de certa forma plausível: quanto mais se desenvolvem mecanismos de inteligência artificial, tanto mais arriscado algum bug eletrônico gerar máquinas sem controle. Já se diz por aí que fomos escravizados pelos celulares. Seria esse o começo da revolução?

Seja como for, enquanto nos impressionamos demais com aparelhos eletrônicos, temos perdido outra guerra para seres desprovidos de qualquer inteligência, sem formato definido, sem nem mesmo um nome específico. Mas seres que estão em todos os lugares, atentando contra nossa saúde e sanidade. Faço referência às coisas. Coisas, no gênero. Conjunto de objetos que não pertencem a alguma categoria determinada, mas que integram um grande e extenso tipo dos genéricos.

Faturas de cartão, aromatizantes, fotos soltas sem álbum, pilhas velhas, bulas de remédio, caixas de remédio vazias, contas já pagas, cabos de energia de aparelhos perdidos, cabos de rede, cabos RCA, lembranças de chás de panela, lembranças de visitas de bebês, sacolas de presente que podem ser úteis, manuais de instrução, chaves que devem abrir alguma porta mas não se sabe qual, multas (ou notificações de infração?), roupas separadas para doação mas que sempre voltam ao armário, caixa de óculos, documentos sem importância imediata mas que podem vir a ser importantes no futuro caso se necessite provar algo, ligas de cabelo, lápis sem ponta, canetas perdidas, carteirinhas antigas, CDs graváveis sem nome, cadernos sem uso, calendários do ano, chaveiros de brinde – a lista das coisas é interminável...

Eis uma amostra das primeiras fileiras do exército, cujos soldados podem ir e voltar à lua sete vezes se forem empilhados em linha reta. A guerra real, travada diariamente, é entre homens e coisas. Enquanto imaginamos o dia hipotético em que robôs iniciarão a revolta contra a raça humana, já há muito tempo temos perdido terreno na batalha invisível e silenciosa contra as coisas.

Quando você menos espera, elas se multiplicaram, tomaram conta da casa, fizeram do armário sua fortaleza, e nos atraem para uma emboscada traiçoeira: o dia da limpa na casa inteira. Trata-se do dia em que resolvemos finalmente recolocar as coisas em seus devidos lugares.

O roteiro é simples, composto por três etapas: primeiro, tirar as coisas do armário; segundo, separar por categorias, sem temor de destinar a maior parte para o lixo; terceiro, reorganizar as coisas remanescentes em lugares apropriados. Fácil. Coisa de meia hora. Por que não fizemos isso antes?

Grande ilusão! A grande maioria de nós já capitula na primeira etapa. Tirar as coisas do armário: isso aqui, lixo; isso guarda em outro lugar; isso permanece aqui. Remexendo coisas antigas, perde-se tempo demais em algum objeto, o qual chama alguma lembrança, que, por sua vez, distrai o propósito daquele momento e, quando percebemos, já passou muito tempo, melhor botar tudo de novo no lugar e voltar ali com mais tempo e com mais calma...

As coisas venceram, e estão livres para se reproduzirem por meiose. Os poucos que chegam a superar a primeira etapa esbarram em um segundo obstáculo: a categorização.

A máxima de Benjamin Franklin lateja na cabeça como um mantra: um lugar para cada coisa, e cada coisa em seu lugar.

Você joga uma pilha de coisas na lixeira e se livra de um fardo que pesava na alma. Já foi um avanço, certamente. Mas tímido. Segue-se com a arrumação. Essas coisas para outro armário, essas ficam juntas numa caixa etc.

O problema – e aí já entramos na terceira etapa, da reorganização – é que não existe espaço disponível. A casa está tomada por essa milícia urbana das coisas, que preenchem frestas e desvãos.

Gabriel García Márquez retrata que um dos dramas da vida cotidiana de Fermina Daza, em *O amor nos tempos do cólera*, era o fato de que as coisas iam tomando o lugar das pessoas. Em tom de desabafo, a personagem exclama: "Devia-se inventar o que fazer com as coisas que nem servem para nada nem se pode jogar fora".

Quantas brigas familiares ocorrem nesses dias da limpa, quantos casamentos são desfeitos, compromissos adiados, tempo desperdiçado? A culpa não está em nossa disposição – correta, aliás – de arrumar a casa, mas em nossa fraqueza diante das coisas que temos guardado ao longo de uma vida. Um monte de coisas pequenas que nos fazem perder o espaço em nossa própria casa e o controle de nossa própria vida.

Não incorro em exagero. Ficamos presos às coisas que nos rodeiam, assim como elas a nós. Criamos vínculos, ficamos pesados. A propósito, quem quiser um meio de perder peso, ainda que sem mudar os ponteiros da balança, basta fazer uma limpa em sua casa. O corpo se torna mais leve, os cômodos mais arejados e o ar mais respirável.

Conheço uma pessoa que andava depressiva ao ponto de procurar um psicólogo. Foi só depois de algumas sessões que ela descobriu, quase por acaso, que a causa de sua languidez era a desorganização crônica da casa. A bagunça das coisas gerava uma confusão mental. Depois de reunir coragem para enfrentar uma grande arrumação, desanuviou-se o mundo à sua frente, e ela era só alegria e disposição.

Por isso, quando vemos o resultado do acúmulo de anos da nossa desorganização, fraquejamos e desanimamos. Parece que a vida se resume a uma coleção de objetos sem propósito. Será que guardamos da vida apenas as pequenas mágoas – como as coisas da gaveta do escritório; será que levamos conosco somente os atritos e a rotina do cotidiano – como as coisas espalhadas sem lugar definido; ou será que envelheceremos apenas com lembranças que não têm sentimento – como as coisas atulhadas no armário da garagem?

A guerra persiste. Não subestimemos tão miúdos inimigos.

# As grávidas

Nossa inclinação democrática é rápida em anunciar que todos são iguais perante a lei e que, portanto, a humanidade nivela-se num mesmo patamar de valor. Ainda assim, é unânime o estabelecimento de certas escalas de importância: mulheres, crianças, idosos, doentes... Mas nas hierarquias humanas, não há nada que supere o valor de uma grávida.

Se cada vida humana vale a mesma coisa, a da grávida vale por dois – por duas vidas, ou tantas quanto pulsarem dentro dela. O cuidado com as grávidas é daqueles universal e antigo, como se toda a família humana já nascesse com a reverência natural às futuras mães. O próprio Jesus mostrou uma preocupação especial com as grávidas, antevendo os dias da grande tribulação: "Como serão terríveis aqueles dias para as grávidas e para as que estiverem amamentando!"

Uma barriga grande parece ter o poder de atrair a solicitude alheia e derreter a frieza dos carrancudos. Quando uma grávida chega, todos se levantam e oferecem seu lugar; oferecem cadeira e água; dão a preferência nas filas; aceleram a execução dos serviços; abrem exceções e a cercam de cuidados (e quem não o faz é certamente repreendido com olhares). Diante das grávidas, homens se tornam cavalheiros e mulheres leais; não por cumprirem leis, regras de etiqueta ou convenções sociais, mas por obedecerem a um imperativo inato.

As grávidas possuem tamanha estima que vontades caprichosas se tornam ordens inquestionáveis. A coisa é generalizada. Tem grávida que passa muito mal, tem outra que come como um leão, tem grávida que dorme o tempo todo, mas todas elas têm os tais dos "desejos". Lenda popular ou necessidade do corpo? Melhor não arriscar... Na dúvida é melhor comprar kiwi no meio da noite do que ser acusado de negar o desejo de uma grávida.

Impossível não dividir o elevador com uma grávida sem deixar de olhar para o mistério daquela barriga e depois abrir um sorriso simpático. Impossível não repetir esse ritual nas filas, ou em qualquer outro lugar onde se encontre uma grávida. A gravidez torna o contato humano mais fluido, como se houvesse algo nas grávidas que atraísse conversas.

De fato, as frases iniciais da conversa já estão prontas, é só escolher uma e travar diálogo: "menino ou menina?", "quantos meses?", "é para quando?", "como vai se chamar?". E, além da facilidade em quebrar o gelo, a própria condição da gravidez é de tal modo inspiradora de atenção que parece arrancar palavras dos tímidos e sorrisos dos ranzinzas. Há mesmo uma aura de afabilidade na visão dessas mulheres-canguru que impele ao sorriso espontâneo. Seja pelo fascínio da gravidez, seja pela vulnerabilidade das grávidas, o fato é que elas contam com a simpatia de todos só por estarem grávidas.

Há nesse cuidado todo, porém, um efeito colateral. Barriga de grávida se torna patrimônio público. A distância que separa homens e mulheres, conhecidos e desconhecidos, some quando se trata de gravidez; a intimidade do próprio corpo desvanece conforme desponta a barriga. Alisar a barriga de uma grávida vira hábito corriqueiro como afagar um cachorro. Por serem atraídas pela gravidez e quererem de alguma maneira participar do processo, as pessoas se acham no direito de extrapolar a intimidade que de outro modo jamais seria violada. Mas não se deve esquecer que barriga de grávida continua sendo parte do corpo da mulher grávida. Deve-se respeitá-lo.

E não apenas respeitar, mas reverenciar o mistério da gravidez. A violência de outro ser crescendo dentro do próprio corpo, a sublimidade de gestar uma nova vida, e a beleza etérea e sinuosa que decorre dessa fusão. Quanta formosura nessa poesia estampada no corpo da gravidez. Corpo que muda e se sacrifica, que comprime órgãos, estica músculos, perde o equilíbrio, bagunça o sono, o apetite, os hormônios. E, por fim, desabrocha como um fruto da renovação da vida.

A barriga que cresce é mais que informação sobre os meses que transcorrem, é um símbolo metafísico que coloca em perspectiva a humanidade diante de Deus, o presente diante do tempo. A grávida leva consigo, ao mesmo tempo, a humanidade se refazendo e Deus trazendo um novo ser à existência; famílias se multiplicando e o artesão divino modelando com arte a nova vida. A grávida tanto carrega sua própria temporalidade quanto traz o futuro para o presente, mostrando-nos, já agora, a realidade de uma vida por viver.

Que mistério é esse afinal? Uma vida dentro de outra vida, corpos que dividem o mesmo espaço. A gravidez é esse processo enigmático, esse milagre do qual todos nós um dia fizemos parte. Por isso as grávidas habitam o topo das hierarquias humanas, nossa mínima reverência e reconhecimento a elas.

## Sobe ou desce?

Vida de ascensorista não é fácil. Como alguém já disse, é uma sucessão de altos e baixos. Horas confinado em um local apertado, às vezes muito quente, assistindo ao entrar e sair de gente do elevador, transportando pessoas para cima e para baixo, ouvindo conversas picadas.

O avanço tecnológico vai varrendo esses profissionais para o museu, mas enquanto eles ainda estão aí, pelo menos em alguns lugares, exercem papel social importante, sobretudo nos elevadores de repartições públicas. Veja, por exemplo, o caso do senhor do RH, que chega no estacionamento e cruza olhares com o conhecido da contabilidade, sem, contudo, falar com ele. Os dois não são brigados nem inimigos, mas, sabe como é que é, preferem evitar o contato.

Quando chegam no elevador, não tem mais jeito. São obrigados a fecharem-se em uma cabine por alguns longos segundos enquanto se encaram mutuamente. É aí que entra o ascensorista. Com um sorriso simpático, já manda logo um bom dia para todo mundo e quebra o gelo do elevador. Os dois colegas de trabalho respondem ao ascensorista, o clima se amaina ali dentro, e então eles trocam pequenos sorrisos e balanços de cabeça, como a dizer "fulano, olá, nem tinha te visto". Contato travado graças ao ascensorista, esse agente de relações públicas.

No meu trabalho há uma ascensorista que também faz as vezes de relações públicas. Supersimpática, ela é toda sorrisos e felicidade. Quem chega de manhã e é transportado andar acima por ela já vai feliz para sua sala.

O grande problema é que ela adora conversar, e o percurso do elevador é curto – só tem dois andares. Subsolo, térreo e primeiro andar. Coisa rápida, o que deixa as conversas todas picadas.

– (Sobe). Bom dia, amor? Como vai sua filhinha? – diz ela, interessada.

– Oi, bom dia! A Gabriela passou o fim de semana no hospital, tadinha.

– Sério? Mas o que ela teve? (Primeiro andar).

– Depois eu te conto, tenho que ir correndo para uma reunião.

E ela passa o dia sem saber o que houve com a Gabriela. Talvez no final do expediente a servidora apareça e conte. Mas no fim do dia outros tantos aparecem.

– (Desce). Olá, gente – ela ainda com sorriso no rosto.

– Oi, boa noite! E você, estava sumida, nunca mais te vi aqui no elevador. Estava de férias?

– Estava sim. A gente tem que descansar de vez em quando, né?

– E foi para onde?

– (Subsolo). Fui para a casa da minha mãe, no interior. Olha aqui as fotos...

– Ixi, tenho que chegar logo em casa, amanhã você me mostra.

Ela até pega o celular, doida para mostrar as fotos da viagem, mas o percurso é curto, o servidor sai apressado sem ver as fotos. Fica para a próxima.

Chega o outro dia, e ela cumpre seu papel social novamente. Transmite simpatia e torna o clima na cabine mais ameno para os colegas de trabalho que evitam o contato. Mas uma nova tarefa é incorporada em seu ofício: ela tem de puxar o fio solto do novelo das conversas adormecidas, relembrando e dando continuidade aos assuntos tratados nos dias anteriores.

Reconhece o servidor que a indagou sobre as férias e já tira o celular do bolso, sem perder tempo, para conseguir mostrar ao menos algumas fotos. Avista a mãe da Gabriela no meio da cabine e pergunta o que, afinal de contas, aconteceu com a menina que a levou ao hospital.

Quanto a mim, evito assuntos mais alongados, justamente para não ter de cortá-los ao meio e terminá-los dias depois. Até gostaria de conversar mais, não fosse essa pressa cotidiana. Pudera a subida ser mais longa, um prédio de dez andares daria para o gasto.

Camões, em soneto sobre Jacó e Raquel, expõe com lirismo a labuta do hebreu para conquistar sua amada. Jacó trabalha sete anos para se casar com Raquel, mas é enganado pelo sogro e tem de trabalhar outros sete anos pela mão da amada. No poema, um abnegado Jacó afirma:

*Mais servira, se não fora,*
*Para tão longo amor, tão curta a vida.*

Imbuído desse espírito, peço licença para parodiar Camões. Penso na ascensorista, nas tantas conversas que ficam pela metade, e digo:

*Mais conversaria, se não fora,*
*Para tão longo papo, tão curta a subida.*

# Jornada de uma vida

Assistir a um filme, ler um livro, ouvir uma história, torcer para um time. A necessidade que todos temos de deixar de lado a aridez de nossa própria realidade e nos transformar, por alguns momentos, em espectadores de outro enredo. Algo que nos capture sem que seja a nossa própria vida. Algo que nos anime sem que seja nossa própria rotina. Algo que nos inspire, que nos envolva, que projete em nós sentimentos e toque nosso interior vindo de fora.

A contemporaneidade apenas reforçou essa nossa posição de plateia de vidas alheias. E é com ritmo mecânico que entramos numa sucessão de grandes estreias ou encaramos maratonas de seriados para viver cada dia uma nova história. E é com avidez na busca pelo entretenimento que a vida dos outros, e não a nossa, passa a ser um passatempo interessante de assistir, seja em reality shows ou em redes sociais. É da nossa natureza.

O distanciamento entre artista e plateia, porém, não permite que o espectador participe ou altere a trama. Por mais envolvente que seja, o roteiro apenas traça linhas de uma história distante, cujos laços com a nossa vida são apenas ilusórios.

Mas há uma história que supera todas as demais. Uma situação que nos faz assistir com deslumbre a um enredo fantástico ao mesmo tempo em que nos possibilita participar ativamente de seu desenrolar – acompanhar a jornada de uma vida, o resplandecer glorioso de uma vida se desenvolvendo. A dádiva divina da paternidade.

Após meses de expectativa, a grande estreia vem arrebatadora. Um choro rompendo a escuridão do ventre e o fôlego da vida fazendo o corpo palpitar aqui fora. Inicialmente, o estranhamento com uma miríade de cores e formatos e cheiros e sons, todos novos, levando ao recurso do choro interminável. E também a fadiga com a nova rotina do lado de fora do útero; afinal, nascer cansa, por isso o corpo se aninha em um tranquilo e gostoso sono.

Os dias se sucedem lentamente como num universo etéreo, onde o próprio tempo parece amainar-se em reflexão e a realidade parece pulsar no compasso do novo acontecimento. As primeiras linhas de uma história real sendo escritas diante de nós. Quanto fascínio nessa possibilidade de acompanhar de perto cada movimento, de olhar as belas nuanças do corpo, de enxergar os detalhes das unhas, o formato dos dedos, a cor dos olhos, o sangue novo correndo nas veias que se avistam debaixo da fina pele, a ligação instintiva com o colo materno, os braços sendo domados aos poucos pela mente.

Quanta alegria, e também medo, em saber que desempenharemos papel de destaque nessa nova história. Exercer o ofício de cuidado, vigilância e educação, a fim de capacitar o novo ser a se tornar uma pessoa íntegra e preparada para a vida. Esse papel que nos cabe não será a mera representação de um personagem, mas uma atuação real, já que de agora em diante a função exercida por nós nessa trama será incorporada definitivamente a nossa própria identidade. Nossas vidas se entrelaçam de modo inseparável.

A dupla tarefa de assistir e participar de uma vida. No começo, a confusão de troca de fraldas, noites insones, adaptação da casa e alteração da rotina acentuam o caráter da participação, intensa participação, dos pais na vida dos rebentos, podendo fazer com que deixemos passar batido a beleza da história que se desenlaça bem à vista de nossos olhos. Mas a distração é passageira. Não há como não se encantar com a jornada da vida.

Ver os olhos atentos aprendendo e apreendendo o mundo. A consciência se formando. O raciocínio aumentando em capacidade. As emoções se expressando em instinto e depois em vontade. E, afinal, como num clímax de um despertar da aurora, um sorriso desabrochando em fartas e gostosas bochechas. Lindo sorriso sem dentes. Sons puros de uma risada que emana da própria alegria enquanto categoria metafísica. Linguagem universal que é comum a todos os povos e culturas.

O esforço da garganta para produzir sons e se comunicar. A imitação graciosa do movimento da boca dos outros. O balbuciar gradativo de sílabas repetidas. Até que, num pico de enternecimento, os lábios cerrados se abrem e fecham em um doce "ma-mã" ou "pa-pa".

Pouco a pouco as pernas se firmando, o passo sendo dado, o mundo sendo descoberto. Cada amanhecer traz uma nova descoberta, e cada noite vai virando a página de mais um dia escrito no livro da vida. O capítulo inicial é do mais elevado primor literário. Os dias no calendário são novidade para a nova vida, até que se completa o concerto das estações, até que o primeiro ciclo se finda e o ano é comemorado. Se Deus permitir, ainda muitos outros virão pela frente.

Mais do que qualquer outro roteiro, esse nos encherá os olhos de lágrimas, aquecerá nosso coração, e nos trará graça ao cotidiano. A história está apenas começando, e nela ainda teremos profícua participação.

## Cabeça de criança

Muitos pais costumam publicar as pérolas de seus filhos pequenos nas redes sociais. De fato, que coisa engraçada é cabeça de criança! O modo de ver o mundo, de forma literal às vezes, de maneira fantasiosa em outras, estranhando o óbvio ou transformando em obviedade o complexo, é coisa que vale a pena sair da intimidade da casa para ser compartilhada com os outros.

A literalidade com que as crianças entendem as coisas é totalmente desculpável. Elas aprendem a falar um idioma todo em dois anos, enquanto a gente ainda se arrasta em aulinhas de inglês para ver se algum dia deslancha na fluência. E quando elas finalmente aprendem as palavras e os significados das palavras, vêm os adultos confundindo tudo, com outros sentidos embutidos nas mesmas palavras.

Os dois anos da Helena foram uma coleção de pérolas. Outro dia ela perguntou onde a vovó trabalhava. Eu respondi inocentemente: "na Caixa". Vi seus olhos se abrirem de espanto, e pude até enxergar, em seu pensamento, a vovó entrando em alguma caixa para trabalhar. Ela retrucou: "o que é a Caixa?". E eu, descuidado com as palavras que escolhi, falei: "é um banco". Pronto! Uma caixa que é um banco e é onde a vovó trabalha.

Um amigo estava desfraldando a filha, quando, no carro, ela disse a temida frase: "Papai, quero fazer cocô". E agora? E agora que o pai tentou conter os impulsos fisiológicos da filha com palavras: "Filha, já estamos chegando em casa, segura aí o cocô". Segurar o cocô? Experiência interessante, pensou a menina, enquanto aliviava a barriga e já estava pronta para pegá-lo com a mão, no que foi interrompida pela mãe. Literalidade desastrosa essa.

Há também uma forma quase lúdica de enxergar o mundo, talvez porque as crianças não se acostumaram com a maldade das pessoas ou a crueldade da própria natureza. Temos que ficar espertos e tirar a Helena do encontro de qualquer aracnídeo asqueroso, e possivelmente venenoso, que ela já vai querendo pegar na mão e chamando carinhosamente de "dona aranha". Isso sem falar na "dona baratinha".

Outro dia passamos de carro e num descampado havia uma invasão de carroceiros, com barracas cobertas por lona, carroças e varais. Helena, alheia a toda a miséria da cena, exclamou com alegria: "Que legal, um piquenique!".

Quando sua mãe, em conversa descontraída com a irmã, a chamou de "safada", Helena transformou esse adjetivo pejorativo, que ela desconhecia, em uma expressão adequada à sua própria realidade, passando a chamar a titia de "safada madrinha".

E há os conceitos difíceis, complexos, que as crianças tentam encaixar de alguma forma no universo tal como o entendem. Para Helena, o mundo consiste de pai, mãe e filhos. Por isso nos pergunta insistentemente: "quem é o pai da Clarice?", "quem é a mãe da Clara?", "quem é o filho da tia Bruna?". Teve uma época que era topar com um desconhecido no elevador para ela interrogá-lo: "você é filho de quem?", "você é pai de quem?". O que causava certo constrangimento nos casais que estavam adiando o projeto dos filhos, ou, mais triste, nos que não estavam conseguindo engravidar.

Fazer caber a complexidade da vida dentro dos modelos mentais das crianças é um grande desafio. É a era dos porquês. Um dia ela me pediu uma história na volta para casa. Saquei do fundo da memória a história do João e do pé de feijão, e comecei falando que João foi à feira comprar comida, porque sua mãe havia pedido (nem sei se é assim mesmo!). Mas Helena quis explorar esse início simplório. Ele foi de carro? Ele foi sozinho? Por que ele foi sem a mamãe dele? Ele pode sair sozinho?

Outro dia eu quis sensibilizá-la com a realidade da fome. Enquanto você desperdiça comida, minha filha, vários menininhos estão passando fome. Quem? Qual o nome dele? Onde está a mamãe dele? A abstração, o conceito genérico de "meninos que passam fome", não entrou muito bem no seu universo onde tudo é individualizado.

É desafiadora a tarefa de explicar a vida para as crianças, alargando seu vocabulário e sua compreensão das coisas. Mas o caminho é pontilhado de pérolas que valem a pena ser compartilhadas. Qual foi a última do seu filho?

# Open house

Passar rapidamente no shopping depois do almoço para comprar um presentinho. É que hoje à noite tem open house de um casal de amigos. Mas o que comprar? Os olhos passeiam por uma infinidade de lojas e pousam em uma daquelas vitrines verdes, com cara de natureba, que vende sabonetes e coisas do tipo. É isso, um aromatizador. Nada mais apropriado para dar de presente a uma casa. Mas é um presente cuja facilidade de compra é proporcional a sua sem-gracice.

Algo diferente seria melhor. Uma garrafa de vinho, talvez. Presente sofisticado com ar chique. Mas e se o anfitrião não gostar de vinho? Melhor não arriscar. Quem sabe um bonito vaso de flores. As flores, no entanto, morrem rápido, e o vaso terá de ser tão bonito que valha a pena mantê-lo. Difícil achar, e a hora do almoço está acabando. Uma caixa de bombom. Mas isso não é propriamente presente de casa, e sim de pessoa, tipo aquela lembrancinha que ocupa posição intermediária entre a mão abanando e o presente mesmo. Nada de bombom. Melhor voltar ao bom e velho – e sem graça – aromatizador. (A vontade mesmo era de dar um dos três aromatizadores que você ganhou quando uns amigos foram conhecer sua casa.)

A etapa da escolha do presente é apenas a primeira das dificuldades. Tocar a campainha, esperar a porta se abrir e participar do aguardado evento do open house. Entregar o aromatizador e ver que os anfitriões não dão a mínima para ele, e o colocam na estante junto a outro idêntico. (Era melhor ter escolhido algo diferente). Sentar-se aguardando o jantar e elogiar a casa sem nem ter conhecido. Peraí, será que vai ter jantar ou só petisco? Se tivessem avisado que era petisco talvez daria para enganar a fome comendo algo de sustância para aguentar a noite. Não há cheiro vindo da cozinha – vai ser só petisco... Mas a dona da casa já entrou umas duas vezes na cozinha, pode ter jantar sim, melhor torcer e ficar no aguardo.

E pede para conhecer a casa logo de cara ou espera os anfitriões oferecerem a visita? Às vezes eles são do tipo que querem mostrar apenas a parte social da casa. Ora, mas como chamam para um open house e negam o conhecimento da residência? A curiosidade fala mais alto, e o pedido é feito: podemos conhecer? Sim, claro, vamos lá. Menos mal, o pedido pode ter sido falta de etiqueta, mas pelo menos foi atendido.

Não repara a bagunça. Os anfitriões arrumaram tudo por duas horas mas têm de pronunciar essa frase porque, né, vai que algo passou batido, como a roupa usada no chão do banheiro ou o par de sapatos no meio do quarto. O tour guiado avança casa adentro. Esse é o quarto de TV, a sala vocês já conhecem, esse é o outro quarto.

Há anfitriões que proferem o nome do quarto e não falam mais nada: "Esse o quarto do bebê". Daí os convidados tem de se virar frequentemente com interjeições fáticas para preencher o silêncio que se instala: "que gracinha", "olha", "hum", "amplo". Há anfitriões do tipo guia de museu: "agora estamos no banheiro, cômodo trabalhado com granito negro no chão, que deu uma trabalheira para os pedreiros entregarem, adornado por um armário feito sob medida e um box de vidro jateado, com cerâmicas na parede de cor gelo e estilizadas nas pontas".

Todo cuidado é pouco na visita. Alguns comentários podem colocar tudo a perder: "vocês que escolheram essa cor ou já tava assim? (com cara de coisa feia)", "por que vocês não aproveitaram para trocar o piso agora também?", "aqui é muito quente, né?", "não é muito apertado, não?". Melhor ficar na defensiva, manifestando-se somente quando o anfitrião esperar elogios. Outras atitudes são igualmente condenáveis: deitar na cama do casal para ver se é macia, abrir a geladeira, ou abrir os armários do quarto a pretexto de elogiar sua qualidade (já vi todas essas, sério!).

O tour chega ao fim. Para passar o tempo enquanto não vem o jantar você dá uma olhada nos porta-retratos e constata como os anfitriões envelheceram e engordaram. Pega a foto para ver melhor a deterioração e percebe que eles sacaram o que você está pensando. Mais petiscos para amenizar a situação.

Convite para sentar-se ao sofá e ficar à vontade. Ideia boa, deixar as formalidades de lado, toda aquela coisa de conhecer a casa, e sentar normalmente para bater um papo. O problema é que entre você e o sofá estende-se um lindo tapete, felpudo, cinza, e você sabe que no caminho para chegar ao apartamento pisou numa pocinha de lama. Tirar os sapatos ou não, dúvida cruel. Pensando bem, você já andou tanto que a sujeira já deve ter saído do solado. Além do que, que coisa deselegante tirar o sapato. Destemidamente, pisa-se o bonito tapete em direção ao sofá. E mal sentando-se já é possível divisar as formas das pegadas que ficaram gravadas levemente no tapete.

Os anfitriões chegam e não escondem a cara de surpresa ao ver aquela porqueira no tapete novo da casa nova. Você finge que não é com você e eles fingem que não se importam, mas por dentro eles estão te odiando. É preciso desviar o assunto, e rápido. Você olha a foto na estante e dispara: "Vocês estavam bonitos nessa foto, quanto tempo tem isso?" O homem gosta do elogio, porque naquela época ele não havia adquirido barriga e fica feliz quando alguém o vê como ele era antigamente. Mas a mulher capta sua insinuação de que eles estão acabados atualmente e o odeia ainda mais. Demora um pouco até a normalidade se restabelecer.

O anfitrião sai rapidamente e volta com taças de vinho. Droga, ele gosta de vinho, o presente teria feito sucesso! Ele mostra o rótulo e explica a história de como comprou a garrafa em sua última viagem internacional. O homem é quase um enólogo, e talvez a garrafa de vinho como presente teria sido um risco maior que poderia fazer você passar vergonha. Santo aromatizador.

Depois de alguns goles de vinho, a conversa afinal engrena e você se sente mais à vontade naquele ambiente. Mas um segundo de distração é suficiente para que a taça se incline um pouquinho e caiam algumas gotas de vinho no sofá. Não tem como disfarçar, todos viram. O jeito é pedir desculpas e um guardanapo para limpar. A anfitriã, que já estava incomodada com suas trapalhadas, mira em você um olhar fulminante, e diz, sem esconder a raiva, que o jantar está servido.

"Oba, jantar! Achei que ia ser só petisco..." Você deixa escapar isso em alta voz, e conclui que esse negócio de open house não é com você.

# Livro rabiscado

Há em algumas pessoas certo pudor excessivo no manuseio de livros, especialmente no que se refere a manchar suas páginas com tinta ou grafite. Para esses recatados, beira o sacrilégio fazer anotações ao pé da página, maculando a pureza daquelas folhas constituídas em boa gramatura.

Ainda assim, prefiro esse preciosismo livresco dos recatados à total falta de respeito com que alguns andam a devassar os livros. Amassam as páginas; criam orelhas; leem como se fosse jornal, escancarando o livro e fazendo soltar a costura do miolo e desprender algumas páginas; escrevem a caneta comentários inúteis; anotam números de telefones ou contas bancárias no verso da capa; e – o pior dos pecados – pedem emprestado e não devolvem.

Desde que tive filhos, aprendi a encarar como arte um rabisco aleatório feito de giz de cera numa página crucial de um romance, o que me conferiu certo desprendimento no tratamento dos livros. Mas, no que depender de mim, tomo todos os cuidados necessários para manter a fluidez de uma boa leitura, sem orelhas e sem amassados, para não pender ao lado devasso.

Quanto às anotações, no entanto, sou eu mesmo um grande entusiasta delas. Marco com barras transversais parágrafos importantes, sublinho frases marcantes e faço anotações no pé e nas laterais. Tudo à lápis, se com isso ganho o perdão dos recatados.

Tenho em minhas mãos agora um livro emprestado de biblioteca. Verdadeiro carnaval de anotações, o que decerto causaria náuseas aos defensores da pureza dos livros. Consigo discernir, pelo menos, três pessoas diferentes. Um indivíduo que sublinha um bocado de frases com lápis, outro que sublinha e faz algumas anotações a caneta, e um terceiro que assinala com pequenos riscos de caneta o início e o fim de um trecho que ele julga importante.

Alguns grafólogos alegam descobrir diversos traços da personalidade pela grafia de cada um. Será possível identificar se alguém é expansivo ou tímido, se é temperamental ou lânguido pela forma com que marca os livros? Não sei se existe essa técnica, mas eu mesmo sei identificar o caráter de alguém que faz anotações a caneta em um livro de biblioteca: trata-se de um sem-vergonha.

Os três indivíduos que me antecederam na leitura da história de Atenas não fizeram mais do que me distrair. Acho desrespeitosas essas anotações em livros públicos, mas, já que eles estão aí, poderiam pelo menos servir para alguma coisa, como um livro dos professores que já vem com as respostas. Esses livros com anotações poderiam nos indicar as partes importantes, fazer brilhar em nossa memória visual algum trecho digno de marcação.

Mas não, o sujeito sublinhador de lápis se interessa pelas coisas mais diversas. Parece até que ele estava procurando ninharias, curiosidades ou mesmo algo misterioso como um Código da Vinci escondido nas entrelinhas. Em resumo, ele não fez mais do que sublinhar trechos supérfluos e circular os nomes próprios.

O indivíduo pródigo da caneta deveria ser um fanfarrão. Entrou algum dia na biblioteca, escolheu um livro por acaso, abriu as páginas aleatoriamente para ver se havia algo nas páginas que o entretinha, e marcou coisas sem sentido, fazendo comentários banais.

O mais interessante era certamente o último, o sujeito que fazia pequenos tracinhos no começo e no fim de cada trecho. Esse cara se interessou pelo tema, leu com atenção e marcou, de fato, o mais importante. Pena que foi pouco. Acho que ele leu apenas um ou dois capítulos e depois abandonou a obra.

Mas no meio das páginas, na lateral, há uma anotação diferente das outras três. É feita a lápis, com caligrafia arredondada, sugerindo uma mulher. Diz o seguinte: "Meu aniversário, dia 29/06, dia de São Pedro".

No parágrafo adjacente não há nenhuma referência à data, apenas uma narrativa sobre a decisão da assembleia em relação à revolta de Mitilene. Talvez a deliberação da assembleia ateniense tenha se dado no mesmo dia do aniversário dessa mulher, mas isso é improvável, pois não há nenhum registro histórico da data precisa do fato.

Por que, então, essa pessoa escreveu a data do seu aniversário em um livro de biblioteca? Será esquecimento ou depressão com a passagem dos anos? Certamente essa caligrafia não tem ligação com as outras três, então é de se presumir que essa é a única anotação que esta pessoa fez no livro (seria um flerte para o bibliotecário? uma mensagem secreta para alguém?). As distrações me levaram longe demais. Melhor me concentrar na famigerada expedição à Sicília.

Sem saber mais sobre os anônimos que me antecederam nesta leitura, só o que posso fazer agora é desejar pudor e recato a elas, pessoas que fazem anotações em livros públicos, que devem ser as mesmas que ficam indo e vindo nas bibliotecas com passos barulhentos, cujo único propósito é nos distrair de uma boa leitura.

# O que Colombo descobriu

Vi minha filha reproduzir quase à exatidão um trejeito meu outro dia, liguei o fato a Cristóvão Colombo e acrescentei um quê de ontologia na mistura. Os circunlóquios do pensamento podem ser tão vastos quanto as rotas de circum-navegação. Mas vejam como a viagem começou:

O que nos define enquanto povo, cultura, civilização? Sei lá o que nos define enquanto povo. É como diz Fernando Pessoa: "O que penso eu do Mundo? Sei lá o que penso do Mundo! Se eu adoecesse pensaria nisso".

Muitos exegetas, quando empacam em definições complexas, preferem começar pelo que não significa o conceito investigado. É mais fácil delimitar as diferenças claramente discerníveis do que enfrentar de cara a profundidade da essência.

Com relação à nossa autoconsciência, dizem que, às vezes, funcionamos melhor pela negação: definir o que somos pelo que não somos. Para enxergar a imagem mais profunda de nossa singularidade, talvez o melhor espelho não seja aquele que mostra o nosso reflexo, mas o que, com as sombras que são os outros, delineia nossa silhueta.

O índio depara-se com o caubói, o navegador espanhol encara o asteca, católicos de uma vila feudal diante do guerreiro viking. Encontros de mundos. O olhar estranha o diferente, o outro fora dos padrões, fora do ordinário. Mas pela comparação das diferenças surge mais nitidamente o contorno de si mesmo.

Colombo cruza o oceano, avista terra firme e aporta em uma ilha. Nativos seminus, de pele acobreadas, adornados com tintas e penas, correm para a praia e os dois mundos se olham num misto de espanto e curiosidade. O que ocorre aí não é somente a confirmação de uma teoria sobre o formato da terra, nem uma vantagem comercial para a coroa espanhola. Nessa praia o europeu encontra-se consigo mesmo, e, mais do que descobrir um novo mundo, descobre sua própria consciência.

Nada foi mais marcante para formar a consciência da civilização ocidental do que a descoberta de Colombo. Desbravar um "novo" mundo leva à reflexão do que seria então o "velho" mundo, e encarar o novo faz o olhar volver para si mesmo, indagando-se sobre a própria essência.

Antes de embarcar em missão para colonizar a América, o europeu precisa estar seguro quanto a sua identidade. Tanto o jesuíta espanhol quanto o puritano inglês enchem as malas com valores e crenças que determinam sua singularidade, e assim partem dispostos a reproduzir e aperfeiçoar sua cultura em novo solo.

Um choro de criança é ouvido. Mas ele não foi dado nas praias do novo mundo, e sim ali no outro quarto mesmo. Enquanto tergiverso sobre navegadores aqui no computador, minha filha reclama alguma coisa lá no quarto.

Acudo a seu chamado e cá volto para terminar o texto. Minha filha, que se parece tanto comigo, e outro tanto com sua mãe, faz essa aventura da paternidade se parecer com a descoberta da América.

Como navegadores antigos, cruzamos as águas incertas do oceano a cada novo parto. Um Atlântico de nove meses é a distância da jornada. E, quando atracamos na orla da paternidade, deparamo-nos com esse outro ser de uma tribo distante, que vem nu, como um índio, balbucia palavras ininteligíveis e ostenta um adorno curioso (que aqui chamam umbigo). Demora um tempo até ele entender que viemos em paz.

O início do contato é tomado pelo espanto – e pelo encanto. Alguém tão distante e tão perto ao mesmo tempo, alguém que parece de outro mundo, mas tem os nossos olhos. Nessa brincadeira real de Colombo, constatamos que o descobrimento do novo mundo é também o descobrimento de nós mesmos.

Primeiramente, uma descoberta física. Enxergamo-nos nos traços de uma nova vida. O formato dos olhos é da família materna; a boca é minha; o nariz é misturado; e vê-la sorrindo é como estar diante da mãe. Que fascínio é poder emprestar a nossa genética para modelar uma nova vida, e, assim, nos vermos refletidos em outro ser.

As semelhanças, entretanto, não são apenas anatômicas. Logo se notam jeitos e trejeitos, a pose na hora de dormir, a forma de se espreguiçar ou o semblante sério de observação. E então vêm as palavras, gostos, os pensamentos e até a personalidade. Tudo vai apontando para os pais, como a etiqueta que indica o local de fabricação.

Para o bem e para o mal, ali nos vemos representados, e muitos pais e mães são tomados por uma espécie de crise de identidade. Afinal, o que tenho a passar e o que tenho passado a esse outro ser? Quais são os meus valores? O exemplo de conduta é adequado?

A crise tem a força de um furacão tropical e o poder para devastar a consciência de muitos pais. Reconhecemo-nos inabilitados para tarefa de tamanha envergadura. Quem somos nós, além de navegadores falhos, aventureiros dessa vida que muitas vezes ficam à deriva dos ventos, europeus distantes que agora carregam responsabilidades sobre o novo mundo?

Por isso filhos nos tornam pessoas melhores. Eles são pequenos espelhos de nossos valores e condutas, que mostram nossos erros e acertos e vão nos forçando a mudar. Sou falho nesse aspecto, mas não me posso permitir ser um pai falho nesse mesmo aspecto. Tenho tal defeito, ou vício, ou fraqueza, mas não posso deixar essas imperfeições fluírem de mim para as próximas gerações como fossem traço genético.

Passada a novidade da descoberta, o espanto na confrontação com o outro, e a pequena crise de autoconsciência, é preciso fôlego para desbravar o novo mundo; e, à medida que o conhecemos, também nos conhecemos melhor, aperfeiçoando trajetórias e histórias.

Depois disso a analogia com Colombo não serve mais. A nova fase já é coisa para os espartanos, o que ficará para outra ocasião, até porque gritos estão sendo ouvidos no quarto ao lado.

# O Gol

Ofício do atacante, contabilidade do artilheiro, consagração do craque. Quem quer que tenha inventado as regras do futebol não previu que o gol se tornaria mais que um "goal", um objetivo, seco, mecânico, como mero ponto marcado para se ganhar a partida. O gol virou instituição, com palavra autônoma de significado próprio, vindo a integrar em tão pouco tempo o inconsciente coletivo da humanidade.

É melhor que a cesta ou o ponto. O gol não é vulgar como esses dois; sabe do seu valor e aparece, quando muito, umas sete ou oito vezes por partida. Mas também não chega a ser fatal como o nocaute ou a bandeirada final, o que é uma virtude, porque dá sempre a esperança de uma virada. E é, sem dúvida, muito, mas muito mais emocionante que qualquer *home run, touchdown, strike* ou coisa que o valha.

E vale uma distinção. O gol instituição só existe um, que é o do futebol. Vemos aqui e ali usurpações apenas porque há uma rede presa a balizas. O gol do handebol, por exemplo, esporte dos placares elásticos, do jogo ataque contra defesa, está mais para cesta como no basquete. É o caso do hóquei ou do polo aquático. O gol banal, frequente, que não enseja dança de comemoração, não merece ser chamado gol, a não ser por deferência com os praticantes de tais esportes.

A instituição a que me refiro é aquela dos gramados, dos estádios lotados ou dos campinhos de várzea. Quando a bola é disparada em direção à meta, e com beleza plástica balança as redes, produzindo uma onda que agita de emoção os jogadores e a torcida, aí sim temos um gol.

Fazer gol não é marcar pontos, triste de quem pensa assim. Que o diga Pelé, o rei dos mil gols, que em cada um deles se extravasava em risos e socos no ar. O gol, aquele triunfo momentâneo, a explosão apaixonada de alegria, suscita todo tipo de grito e comemoração. Pode ser o singelo grito de "gol", o abraço ao desconhecido do lado, o aplauso efusivo, o gesto espontâneo. Nos gramados, gol vira dancinha, acrobacia, corrida maluca, provocação à torcida adversária, abraço coletivo.

Gol é instituição porquanto é a alegoria perfeita do triunfo, da consagração leiga, do êxtase da vitória, e assim passou a compor o imaginário popular e o folclore nacional, seja o gol de final de Copa do Mundo, seja o gol do campeonato da escola. Quem nunca sonhou em fazer o gol decisivo ao menos se viu na arquibancada torcendo pelo gol da vitória.

O gol é tão empolgante porque, tendo sempre o mesmo valor no placar, alcança cada vez uma emoção única. E não se trata de empurrar a bola para além da linha. O gol é sempre diferente, tem categorias diferentes. O gol contra e o gol de frango talvez sejam os mais feios. O gol de pênalti apresenta-nos o embate entre atacante e goleiro, numa guerra psicológica que se resolve com goleiro para um lado e bola para o outro. Tem o gol de bola parada, obra de pés cirúrgicos; o gol olímpico, golpe da física; o gol de fora da área; o gol que entra com bola e tudo. E, acima de todos, o gol de placa, que de tão belo merece ser homenageado e gravado na história com uma placa.

Que o gol seja feito para vencer a partida, trata-se de uma afirmação simplória, que esconde nuanças sutis do futebol. O gol pode ser feito para vencer, sim, mas pode ser usado para humilhar, tripudiar, nocautear o oponente, ocasião quando gol vira goleada. O gol, mesmo que não faça a menor diferença para o resultado da partida, pode ser usado para consagrar um herói. O gol agrega valor a quem o marca, faz uma boa atuação se tornar brilhante, faz um jogador destacado virar craque, um craque virar gênio. O gol também pode ser usado para assegurar a honra e a dignidade daqueles que perdem de cabeça erguida, que sucumbem mas não se entregam.

Além disso, o gol não é passageiro, não se restringe àquela emoção fugaz. Não, ele sobrevive ao menos uma semana, sendo que os bonitos e os históricos permanecem por décadas. Por isso há entre nós necessidade de repercutir, não apenas de comemorar. Cuida-se de comentar nas rodas sociais a validade daquele gol impedido, ou o golaço do último jogo. Ver os gols da rodada, assim, é requisito para se começar a semana bem informado, posto que eles ombreiam de igual com a cotação do dólar, o aumento da taxa Selic e a nomeação do novo ministro.

Por isso o nosso respeito por quem sabe fazer gol, por quem vela com seus pés essa instituição nacional e faz sair das gargantas o grito instintivo e natural de "Gooool!".

# De novo

Uma das primeiras vezes ocorreu a propósito de um parabéns. De um não, vários. Coloquei Bolita, Luna, Nicole e as outras bonecas em círculo. Simulei uma festa de aniversário e cantei parabéns pra você, primeiro para a Bolita, depois para a Luna e assim por diante.

Minha filha ria e batia palminha com alegria, empolgadíssima com a festa. Quando acabou a cantoria ela me olhou confusa, e pronunciou aquelas duas palavras que escorrem com facilidade da boca das crianças: De novo!

A princípio, "de novo" indica que a brincadeira foi acertada, que a criança gostou, que ficou satisfeita e que quer a repetição do ato. Os pais adoram ter sido bem-sucedidos nesse ponto. Mas não há razão para esconder que muitos pais também temem a expressão.

No caso em comento, devo ter cantado parabéns umas dez vezes para cada uma das bonecas presentes na festa de aniversário. Às vezes estamos na cama, eu a pego no colo, giro-a no ar, simulo um mortal para trás e ela ri deliciosamente com a acrobacia. Eu me divirto junto, mas, quando as gargalhadas começam a diminuir e ela me encara com um semblante súplice, eu logo fico sério, temendo pelo que vem a seguir. E vem. De novo, papai! Fazemos o duplo twist carpado de novo. E ela pede mais uma vez, e mais outra, e mais outra, até o esgotamento do pai.

Outro dia tive a sandice de me esconder dentro do armário, em posição bastante incômoda, tudo em prol de boas risadas na brincadeira de esconde-esconde. Risadas recompensadoras. De novo. Cadê o papai? Achou! De novo. Tentei me esconder em outro lugar, mas não valia, tinha que ser lá. Os "de novos" dessa vez me renderam joelhos ralados pela posição.

Houve várias outras vezes, e nada indica que esteja perto de acabar o clamor pela repetição, verbalizada pelo "de novo". Devemos, pais, nos municiar de paciência para encarar o loop constante e diário de brincadeiras, palhaçadas, musiquinhas e tudo o mais.

Mas, além do cansaço, há um certo ensino teológico nessa predileção das crianças pela repetição do mesmo.

Agostinho disse que a felicidade dos seres criados consiste em gozar eternamente do bem supremo, Deus, e permanecer nesse gozo sem temor, dúvida ou engano.

Ao encontrarem alegria e satisfação em alguma brincadeira qualquer, as crianças desejam permanecer nesse deleite por tempo indefinido, quiçá para sempre. Desfrutar de um bem e permanecer nele sem temor, dúvida ou engano – a procura pueril pela felicidade.

E ainda assim, mesmo que ingênua, essa procura é mais acertada que muitos de nossos intentos em busca da felicidade. Seduzidos pelo compasso do movimento, pela dinâmica da velocidade, cultua-se a variedade, o experimentalismo, abrir "as portas" da percepção. Parece viger certo receituário utilitarista: maximizar o prazer, não importando qual, até se chegar na ética atual do *whatever works*, da busca livre pela consumação dos desejos, desde que não machuque ninguém.

Longe desse nomadismo hedonista dos adultos, as crianças parecem preferir a constância do deleite com sua filosofia do "de novo". Para que perder-se em aventuras incertas com novas brincadeiras se é o máximo da diversão cantar parabéns para as bonecas ou achar o papai escondido no armário? Por isso o pedido pela repetição.

Se conseguirem manter a pureza desse hábito, talvez preparem seu coração para procurar a felicidade em um bem maior do que a mera brincadeira que faz risada. Talvez compreendam, anos mais tarde, a assertiva de Agostinho sobre a verdadeira felicidade, e possam se deleitar no bem supremo, já sem temor ou dúvida, já sem a necessidade de dizer "de novo".

# A opinião pública em pessoa

Na minha sala de aula existem os elementos típicos que compõem qualquer sala de aula. O pessoal que senta na frente, os que puxam o saco do professor, a menina que levanta a mão para falar "inclusive, professora, eu tenho um tio que trabalha em tal lugar e disse que...".

Há, porém, uma senhora que me chamou a atenção. Mulher de meia idade, por volta de seus quarenta, cinquenta. É baixinha e tem cabelos curtos e pretos. Seus olhos são até bonitos, grandes e profundos, de uma escuridão densa e penetrante. No entanto, o olhar figura como uma ilha solitária num oceano de amargura.

Abaixo dos olhos, sua feição vai se deteriorando aos poucos. As maçãs do rosto figuram flácidas e um pouco afundadas, produzindo uma expressão velha, cansada e sonolenta. E então irrompe um grande nariz aquilino, grosseiro, dominando toda a face. Logo abaixo, entre os lábios e o nariz, uma pinta negra, e a imagem toda parece a de uma bruxa.

Essa senhora senta-se na frente todos os dias, e passei a reparar nela não por suas feições, mas por suas atitudes. A apatia de seus trejeitos faz com que ela pareça despida de qualquer opinião ou resolução concreta. Mas basta alguém emitir um juízo, uma colocação, uma pergunta, e ela então se transforma. O professor faz uma pergunta, digamos, de história: "Quais eram os dois partidos da época do Império?" A sala silencia, e ela também, olhando para os lados com seu ar cansado. Mas, se surge uma voz, qualquer voz, que responde "o conservador e o liberal", ela muda.

De aparvalhada, torna-se intrépida. Os olhos penetrantes miram o interlocutor e a cabeça passa a balançar em sinal de concórdia. E ela fala com tal convicção que me admira como ela não respondeu antes. Vira para o professor e repete duas vezes: "o conservador e o liberal". E é assim com tudo. "Receberam o email?", pergunta o professor. Ela vira para trás e espera alguém responder, e o teor da resposta será a direção de seu pensamento. Se o primeiro falar que não, ela jura que ninguém recebeu, franzindo a testa e os ombros, e sinalizando dúvida. Se alguém falar que sim, tenho certeza que ela falaria "claro, todo mundo recebeu, professor".

Ela faz a operação social de transformar uma opinião isolada na unanimidade da sala. Se alguém está falando que é assim, então é assim e pronto, e para ela todo mundo tem de achar a mesma coisa, que é óbvia, clara, elementar. Passei a reparar nesse seu jeito e a me divertir observando sua mimetização do primeiro a se manifestar.

Já estamos no final do curso e ainda não gravei o nome dela. Mas passei a chamá-la de "opinião pública". Afinal, o que é a opinião pública senão essa presunção de obviedade, de unanimidade em torno de qualquer juízo alheio. A opinião pública ouve boatos e os transforma em leis; ouve um argumento e já decreta sua sentença. Ela mesma não tem opinião formada, e aguarda alguma manifestação para só então responder com convicção e certeza.

Para mim, essa senhora é a própria imagem da opinião pública. Uma velha viúva, rosto marcado, nariz grande e olhos fortes, numa feição ao mesmo tempo passiva e ameaçadora, hostil e amistosa, uma bruxa transformando a opinião de um no pensamento de todos.

Fala-se por aí que o homem inventou a maioria dos conceitos abstratos de nossa linguagem, mas que eles não existem na prática. Alguém já viu a "felicidade" andando por aí? Alguém já falou com o "amor"? Mas se perguntarem como é a cara da "opinião pública", aí serei obrigado a falar que a "opinião pública" é de fato uma pessoa. E que tem aula comigo todas as quartas pela manhã.

# Sexta-feira

Os olhos se abrem de manhã e lá fora as árvores tremulam com o vento. Todos os dias são assim. Mas hoje elas parecem dançar em coreografia ensaiada, embaladas por uma sinfonia que toca não sei de onde. Lá fora passam carros e pessoas, indo e vindo. Todos os dias a mesma cena. Mas hoje eles parecem diferentes, cada qual com uma agitação interior, um brilho distintivo nos olhos, cada qual se dirigindo a um lugar especial, a um grande evento, talvez.

Também há a impressão de que a gravidade deixa de lado aquela força bruta com que puxa os homens e lança mão de um toque suave para conter as seduções do voo, presenteando-nos com certa leveza no andar. Talvez seja só impressão, mas dá para sentir essa atmosfera festiva envolvendo a todos.

Hoje não é um dia como outro, porque hoje é sexta-feira. A dualidade do fim e do início. A justaposição entre o feito e o possível; encerram-se dias de sacrifício, vislumbram-se tempos de liberdade. Todo o peso de uma semana de trabalho e afazeres e compromissos se esvai na matéria polvorosa da sexta-feira, que à menor faísca faz explodir momentos comuns em rompantes de alegria.

A sexta-feira tem aquele delicioso sabor da expectativa por atender, do sonho ainda não realizado, quando o tempo da espera é mais precioso que o momento da consumação.

É aquele tempo eternizado da paquera antes do namoro; aquela troca de olhares, o coração palpitante, o sonhar acordado, a imaginação idealizando o real e construindo um amor infinito dentro da mente. É o primeiro dia das férias escolares, quando as crianças chegam da última aula e lançam mochilas e cadernos em um canto da casa e se esquecem de provas e deveres, tendo à frente um horizonte sem fim de coisas para fazer, de brincadeiras por brincar e dias a se divertir. É a demorada ida de uma viagem, que custa a passar, mas que é acompanhada pelo desejo de ver o novo e pelo ânimo de viver novas experiências. É o cheiro convidativo de uma comida na hora da fome, é a insinuação sedutora antes do prazer.

Na vida há coisas que valem mais quando ainda não estão completas. Coisas cuja graça está muito mais no antes que no depois, coisas que têm a sua beleza no sonho e seu encanto na expectativa, mais do que na realização. A sexta-feira é dessa categoria de coisas.

Hoje as mesmas coisas estão diferentes porque a liberdade nos chama, porque a sexta-feira é o melhor do fim de semana.

# Pa-pai

Há algumas semanas a Helena virou para mim, do alto de seus dois anos e três meses, e me chamou por um nome diferente. Seus olhinhos atentos me observavam para ver qual seria minha reação ao vocativo utilizado por ela, como se fosse um teste.

Sua boca emitiu um som claro: "Pai". Eu respondi ao seu chamado, e ela ficou feliz, contente em saber que, além do choro e de "papai", eu também atendia por "pai", mais curto e mais simples de falar.

Ali me dei conta de que ela estava crescendo, e eu ainda não estava preparado para a transição do papai para o pai. Por isso, naquela ocasião, falei a ela: "pai não, pa-pai". Ela voltou a me chamar de papai, acho que queria apenas testar se o pai também tinha o mesmo efeito. Tem. Mas não é tão carinhoso quanto papai.

Gilberto Freyre conta que a duplicação das sílabas tônicas, natural das línguas selvagens e das crianças, se entranhou na língua portuguesa por meio das escravas africanas, das mucamas negras que criavam os menininhos portugueses. O português falado, rígido, fechado, amoleceu sob o calor dos trópicos e da influência africana, transformando-se em idioma de fala doce, de sílabas finais moles, "palavras que só faltam desmanchar-se na boca da gente".

Neném, papá, papato, au-au, bambanho, cocô, xixi, bumbum, dodói são exemplos dessa influência da senzala sobre nosso idioma, diz o eminente pernambucano, amolecimento que tornou o vocabulário infantil mais dengoso.

Se o papai foi obra das mucamas negras, se a duplicação se derivou por causa do clima quente, ou se já veio de Portugal assim, com esse formato, não importa. Papai é mais afetuoso, traz mais ternura, e, como diz Freyre, dá ao vocabulário infantil especial encanto.

Parece que há uma espécie de entrega, de confiança firme ao se utilizar do papai. É palavra-combo, que já vem com um sentimento embutido nela.

Quando a gente cresce, usa o papai apenas em raras ocasiões, quando nos referimos a nosso pai em conversa com irmãos: "papai falou para você levar isso", ou, se tanto, quando contamos do nosso passado com ar nostálgico: "papai uma vez me levou a tal lugar...". No mais, é sempre pai.

Geralmente, a melhoria no uso das palavras é evidência do amadurecimento intelectual. Como quando a gente aprende alguma palavra nova e enriquece o vocabulário. Tenho um amigo que aprendeu a usar "não obstante" e "expertise" e não larga mais, desejando provar seu aprimoramento no manejo do vernáculo até em situações indevidas: "não obstante, o Neymar adquiriu maior expertise ao jogar no PSG". Ou quando as crianças conseguem tremer a língua e pronunciar adequadamente o fonema "r", trocando "palabéns" por "parabéns" – momento em que deixam oficialmente de ser bebês ou crianças pequenas para ingressar na categoria criança, mais avançada.

Helena fala muito bem, mas ainda escorrega em algumas conjugações verbais, no que eu e sua mãe nos divertimos, ao ouvir, por exemplo, "papai, eu já comei tudo!", ou "mamãe, vou me escondi". Aos poucos ela vai aprendendo as diferenças dos radicais quanto aos verbos terminados em "ar", "er" e "ir". Será sinal claro do incremento de suas faculdades intelectuais.

Mas, acoplado a esse amadurecimento intelectual, vem também uma espécie de amadurecimento emocional. Parece que a melhoria no uso da linguagem vai trazendo também maior confiança das emoções, tirando as crianças daquele universo manhoso, balbuciante e dependente, para um mundo de autonomia onde elas são seres que sabem se comunicar.

Nós, pais, torcemos por isso, e esperamos que nossos filhos não apenas saibam se comunicar adequadamente, como também sejam emocionalmente firmes. Mas, por enquanto, prefiro deixar de lado a autonomia madura de um "pai" para ouvir da Helena o afeto e a dependência embutida em um "papai".

# Juntar as escovas (e a pasta) de dente

"Juntaram as escovas de dente" – essa expressão é usada para indicar que houve um casamento. Mas o que escova de dente e casamento tem a ver? Talvez quem criou a expressão estivesse apontando para a intimidade compartilhada de uma vida a dois. Casar tem aquela conotação grandiosa de dividir a vida, mas também envolve a partilha das coisas comuns, a casa e o banheiro, por exemplo. Por isso casar é também juntar escovas de dente.

Sou daquelas pessoas que usa a pasta de dente da maneira correta, e por correta quero dizer que aperto na parte de baixo do tubo. Essa técnica garante que não sobre pasta de dente lá no final, e também assegura que a pasta vá subindo de forma compassada e ordeira, gerando um tubo vazio e plano. Já minha esposa pertence ao outro grupo de pessoas no mundo, aquelas que pegam uma pasta de dente e, sem medir as consequências, apertam logo no meio, produzindo um tubo enrugado e feio.

Quando casamos, juntamos as escovas de dente, mas também passamos a dividir a pasta. Foi então que vim a descobrir nossa incompatibilidade no método de apertar a pasta. Eu apertando embaixo, empurrando a pasta corretamente para cima, e ela fazendo o inverso, apertando no meio e espalhando de volta a pasta pelo tubo. Tentei ensiná-la o jeito correto. Ela disse que era bobagem. Realmente é bobagem, concordei, mas que não custava nada ela tentar mudar.

Após algumas tentativas infrutíferas, me dei conta que essa era uma batalha perdida. Não que causasse danos ao nosso casamento. Pelo contrário, me ensinou que partilhar a vida com outra pessoa requer que a gente ceda e conviva com o jeito do outro.

Foi então que, pelas circunstâncias da vida, tive a oportunidade de levar adiante minha técnica apurada de usar a pasta de dente. Nos mudamos para uma casa maior, e como não tínhamos filhos ainda, nos demos ao luxo de cada qual usar um banheiro só para si. Enquanto o banheiro dela era abarrotado de todos os apetrechos femininos, no meu banheiro apenas a primeira gaveta era ocupada.

Pude retomar meu jeito já adormecido e usar a pasta até o fim, de acordo com o método correto. O trabalho estava ficando bonito. Guardava a pasta naquele copinho (o porta-escova-e-pasta-de-dente, ou seja lá qual for o nome daquele copinho) e olhava a pasta toda cheia na parte de cima, como se ainda estivesse novinha. Quando passei um pouco da metade do tubo, deparei-me com uma situação que viria a mudar tudo...

O tubo não se sustentava mais em pé. A parte usada da pasta dental, toda fina e plana, não conseguia segurar o peso da metade superior, que por isso pendia para fora do copinho. A solução para dar estabilidade ao tubo foi abortar o método "correto" e apertar no meio, espalhando a pasta ao longo de toda a extensão do tubo.

Eu, que havia insistido tanto naquela maneira de usar a pasta de dente, percebi que ela não se sustentava no final. O fracasso me fez atinar para a velha máxima que associa juntar as escovas com o casamento. Apesar de esquecer a pasta de dente, quanta sabedoria há nessa expressão!

Afinal, é tudo uma questão de equilíbrio, de um sustentar o outro para dar a estabilidade. Muitas vezes, o nosso jeito correto, que falta no outro, não consegue nada sozinho. Casamento é a união de pessoas que apertam a pasta de dente cada um a seu modo, mas que juntos conseguem dar estabilidade ao tubo e à vida.

São coisas que a gente vai aprendendo no dia a dia. Um ensinamento dado pela pasta de dente. (Mas a controvérsia sobre deixar a tampa do vaso abaixada ou levantada, essa ainda não foi resolvida.)

# Pai de duas

Todo mundo diz que quando se tem filho a vida não para, o que é de se contestar, porque na verdade a vida para sim. O pai tira licença, a mãe tira licença, os avós acorrem babando, e tudo gira em torno daquele pequeno ser. O que não é verdade quando se tem o segundo filho. Aí sim o mundo continua girando, pois o mais velho a gente tem que alimentar, entreter, colocar para dormir e dar banho.

"É mais fácil?", perguntam os amigos que só tem um filho e pensam em se aventurar mais uma vez na loucura da paternidade. Bom, em certo sentido é mais fácil, sim. A gente já superou os custos de aprendizagem. No primeiro, tinha que aprender a trocar fralda, a dar banho, a limpar umbigo (e eu nem sabia que umbigo ficava daquele jeito!), a botar para arrotar, a vestir roupa, a arrumar bebê conforto, a aprender o calendário de vacinas.

Tudo isso, quando se tem o segundo, já fica superado. Claro que há as especificidades de cada um, mas isso a gente vai pegando logo de cara. Com os custos de aprendizagem já superados, o esforço marginal é mínimo. O problema, então, não é o segundo, o problema é o primeiro junto com o segundo.

Pai e mãe têm de ter habilidades semelhantes a orquestrar o caos ou ordenar o trânsito num cruzamento na Índia. Enquanto estamos no mar tentando domar um furacão que bagunça prateleiras e derrama comida pelo chão, somos surpreendidos por um tsunami que nos atropela com choros, cólicas e fraldas sujas.

Só não submergimos de vez porque o furacão e o tsunami logo passam, e se transformam então num fofo arco-íris que brilha em meio à bela calmaria do mar. Vale a pena aguentar horas de tempestade para contemplar o lindo horizonte.

Outro dia botamos as meninas para dormir. Deitamos logo em seguida, extenuados. A primeira a chorar é a mais velha, Helena, perto da meia-noite. Quando chego no quarto dela, há vômito por toda parte. Depois Carolina começa a chorar – ela está de cocô. Segue-se uma confusão ordenada entre nós, pais, correndo, acudindo e tomando providências numa bagunça sincronizada.

As duas chorando, meia-noite, cansaço, sono, mas a vida não pode parar. Pego Helena, levo-a para o banheiro e começa a limpá-la e trocar sua roupa. Amanda troca rapidamente a fralda da Carolina, depois tira a roupa de cama suja da Helena; eu procuro um novo lençol, mas não acho, e passo o bastão para a mãe, que assume os cuidados da Helena enquanto eu pego a Carolina. Volto a assumir Helena quando a mãe procura um remédio. Algumas corridas depois, pronto. As duas pararam de chorar, a cama da mais velha está limpa, o remédio foi dado e elas começam a pegar no sono. Eis a bonança (que durou duas horas, até o próximo choro).

Quando se é pai de dois, mais uma vez a gente tem que se render à sabedoria dos bordões sobre filhos, talhados por anos através das experiências dos mais antigos. Diz um desses bordões que o segundo filho é um sobrevivente. Verdade. Pura verdade. Ele já aprende a se defender do beliscão camuflado de carinho do irmão mais velho, seus anticorpos já trabalham incansavelmente na primeira semana de vida para barrar a virose do primogênito, ele se torna resistente a pancadas e esbarrões que são dados "sem querer", ou objetos que simplesmente "caem" em sua cabeça, e ele lida bem com a ausência temporária dos pais, que saem ocasionalmente de sua presença para tocar a vida (tomar banho, arrumar a casa, dar banho no mais velho etc.).

Outro bordão diz que se você pensa em ter dois filhos, então comece primeiro pelo segundo. Mais uma verdade. O segundo normalmente é da paz, é mais tranquilo, pega a família já acostumada naquela dinâmica de filhos e segue o fluxo sem reclamar muito nem alardear suas vontades. Além do que os pais já sabem o que fazer com o segundo, embora continuem sem saber como lidar com o primeiro.

No segundo filho, as coisas são colocadas em diferentes perspectivas, confundindo um pouco a mente dos pais. A criança de dois anos, que parecia pequena, dependente, e dava um trabalhão, de repente, em vista do novo bebezinho, a gente vê quase como um gigante (noventa centímetros) indo para a faculdade (creche) todo independente (andando) e dono de refinada retórica argumentativa (elaborando frases).

Também o tempo, que parece eterno nos choros de cólica do mais novo, e se arrasta lentamente na longa madrugada insone, de repente, quando nos deparamos com o mais velho – esse já praticamente pessoa criada que dorme um sono bom e pesado –, o tempo parece é que flui depressa demais e vai levando nossos filhos impiedosamente à idade adulta. Por vezes parece que o dia fica mais longo, mas a verdade é que os pais aprendem a aproveitar os átimos do tempo e preencher cada desvão da agenda com as tarefas imprescindíveis.

Mas em tudo isso há uma adaptação do corpo, fundamental para aguentar a nova carga. O olhar alterna mui sabiamente entre a atenção redobrada mesmo quando não está vendo, detectando qualquer sinal de perigo entre os filhos, e a distração calculada, que vê e ainda assim releva, deixando passar batido a casa mal arrumada, a mancha no sofá ou a briga sem lesões corporais entre os pequenos. O fôlego aumenta, como do maratonista que treina nas montanhas e vai competir ao nível do mar, com mais hemácias no sangue. No caso dos pais, que são os maratonistas dessa corrida maluca, as hemácias sobressalentes são a energia e a força que Deus faz nascer juntamente com a nova paternidade, e o nível do mar é aquele mesmo dos furacões e dos tsunamis. Além disso, as costas doem (e como!), mas se refazem a cada manhã.

Sobretudo, há um estiramento do coração. O músculo se alarga para abrigar mais uma vida, as fibras se elastecem para agasalhar mais um amor. Amor que morre de preocupação, e se preocupa porque ama. No fim, nada se perde, talvez apenas um pouco do interesse nas nossas coisas, que ficam muitas vezes em segundo plano diante dos cuidados que se tem com as duas pequenas vidas.

# Distrações

O canto das sereias é belo, mas nos distraem de nosso destino e podem nos levar à perdição. O duro é admitir que gostamos de nos afastar da estrada, mesmo sabendo de antemão que esses caminhos pela mata não retornam à rodovia mais à frente.

Vejam o caso de Ulisses. Ao passar pelas sereias, e sabendo que o belo canto o atrairia em uma emboscada mortal para o fundo do mar, mesmo assim ele desejou ouvir as melodias entoadas pelas deusas das águas.

Há que se ter persistência para seguir até o fim o caminho proposto, sem se perder em distrações.

Vejam o caso da Carolina. Sem piscar ou pensar duas vezes, ela segue com olhar firme passando por cima de qualquer obstáculo até chegar onde mais deseja: o banheiro, ou, mais especificamente, o box do banheiro.

A Carol, no caso, é minha filha. E mesmo a pouca idade não é impeditivo para que ela ostente objetividade para tocar a vida e perseguir suas metas. Ela tem nove meses, mas, quando se vê solta pela casa, e fareja a porta aberta (não sei como ela faz isso), então não dá outra, Carol vai engatinhando segura, olhos adiante, como quem sabe o que quer, até adentrar o banheiro.

Lá chegando, às vezes ela se apoia no vaso sanitário e fica em pé admirando a água, quando não coloca a mão lá dentro. Mas é mais provável que, sem pestanejar, ela entre no box do banheiro, e ali fique tranquila, sentada, batendo as mãos nas pequenas poças de água – resquícios do último banho.

Vez por outra deixamos pequenas armadilhas espalhadas pela casa a ver se distraem Carol de sua obstinação. Estamos na sala, deixamos Carol no chão a engatinhar livremente, e, sem lembrar se deixamos fechadas as portas dos banheiros, jogamos brinquedinhos pelo caminho, pela sala, pelos quartos, para que ela ali se demore enquanto eu ou sua mãe vamos resolver alguma coisa.

Carol não se desvia. Não se distrai com ninharias, tampouco perde tempo com grandes atrações. Seja o mordedor verde em cima da cadeira, a boneca piscando e tocando música, seja meu crachá do trabalho ou até o vídeo da Galinha Pintadinha ligado na sala – nada demove Carol de seu objetivo. Ela sabe que tudo aquilo são distrações e, focada, segue rapidamente até o banheiro, mostrando que eu esqueci mesmo de fechar a porta e que agora tenho de me ocupar em trocar sua roupa toda molhada de água.

Chegar até o box do banheiro é quase um dever moral para ela, o que é de certa forma compreensível. Se você visse o mundo de baixo, do chão, iria se interessar por um sofá, uma cadeira? Ou não seria mais interessante escalar um objeto de porcelana, da sua altura, com uma aguinha no meio? Sem falar que aqueles brinquedinhos de criança, coloridos, sonoros, até trazem diversão por um tempo, mas e depois? – tudo acaba sendo igual. Aquele quadrado molhado, no entanto, é diferente; ali às vezes cai uma água de cima, sai fumaça e papai fica lá dentro; ali sempre tem água para se divertir, bater forte, molhar a roupa. Se há algum lugar para onde se deve ir, certamente é ali. Urge ir ao banheiro para aproveitar e otimizar nosso tempo.

Talvez seja essa a lógica por trás da escolha do box do banheiro. Seja como for, vejam se não é uma aula de foco e persistência. Coaches devem dar esse exemplo em suas palestras. As pessoas devem aprender com ela.

Eu mesmo tenho de aprender muito. Quando me soltam em um lugar, na sala de casa, digamos, vocês acham que eu sigo engatinhando ou andando até a consumação dos meus objetivos ou empaco ali mesmo, no sofá. Mesmo quando estou me dirigindo solícito aos meus afazeres, quantas vezes tenho me distraído com besteira, com mensagens no celular e afins.

Pudera eu ter essa firmeza moral da Carol, e então muitas vezes mais em minha vida eu teria a prazerosa sensação de concretizar afazeres e me veria tranquilamente dentro de um box, sentado, feliz, batendo na água até me molhar todo.

# Unha quebrada

Quebrar a unha dói, é verdade, e as mulheres incorrem em certo exagero no sofrimento externado quando uma unha quebra. Apesar disso, o texto não trata das hipérboles femininas. O assunto hoje é outro.

O leitor já saberá o que me levou a esse tema; antes, compartilho uma indagação que me pegou pela manhã: para que servem as unhas? Sim, essas partes duras no fim dos dedos devem ter alguma serventia fisiológica.

Certamente elas não foram feitas para o esmalte. Calma, moças. Cores há aos montes, rendinha, vermelho-paixão, amarelo-desejo ou outro qualquer tom que a criatividade dos fabricantes de esmalte é capaz de inventar. Admito que é um passatempo curioso das mulheres, ficar uma hora no salão pintando a unha e no final do dia estar descascando o esmalte de todos os dedos com o dedão, sob a alegação de que uma lasca no mindinho prejudicou todo o trabalho, e que, para não ficar feio, é necessário remover a tinta de todo o resto. Vai entender.

Nós homens temos que reconhecer a beleza que é uma mão com as unhas feitas e pintadas. Mulheres, não desistam desse trabalho de Sísifo. Apesar de desgastante, o esforço é recompensado pela delicadeza, e nós apreciamos.

Não nos afastemos da indagação. Unhas são pintadas pelas mulheres e ruídas pelos homens. Mas afinal para que elas servem? Fico pensando se, ao invés dessa proteína dura, tivéssemos apenas carne na ponta dos dedos. E então, o que mudaria?

Primeiramente, um bom carinho seria inviável. Carinho de unha grande, que roça de leve a pele, faz a alma aconchegar-se e os pelos se eriçarem. As pontas dos dedos também servem para esse propósito, mas claro que não é a mesma coisa. Ponto para as unhas.

Mas tudo o que é pontudo pode ser usado para ferir. As unhas que acariciam uma pele podem ser armas para arranhar. Ponto contra.

Outras utilidades cotidianas seriam impossíveis sem as unhas. Por exemplo, raspar alguma sujeira, uma casquinha na mesa, na parede, no carro, um grão de areia no sabonete. Além do mais, esse mesmo princípio pode ser utilizado para o asseio pessoal (sem mais, creio que me entenderam).

O que seriam das coceiras sem uma unha? O que seriam das picadas de insetos? Coçar, coçar e coçar, eis um dos ofícios exclusivos da unha, por si mesmo justificador de sua existência.

Talvez a mãe de uma criança de dez anos pense que as unhas foram feitas para sujar e acumular sujeira, e por isso as critique. Mas espere um pouco até o menino crescer e ela vai bendizer suas próprias unhas na hora de espremer cravos do nariz do filho.

Enfim, o veredito: a unha não é nenhuma parte vital do corpo, e creio que poderíamos viver sem, tal como os sisos e o apêndice. Mas há coisas boas que elas nos proporcionam, por isso deixem-nas aí mesmo, nas pontas dos dedos, que elas mais ajudam do que atrapalham.

Então, por que esse tema tem a ver comigo? É que recentemente nasceu-me uma mancha na unha do dedão da mão esquerda. Uma mancha preta. Fui ao médico. O doutor disse que pode ser câncer de pele, mas que só dá para ter certeza fazendo uma biópsia. E adivinhem? Terei de arrancar minha preciosa unha!

Sabe aquele negócio de fulano e sicrano são grudados como unha e carne? Pois é, hoje desconstruirei esse provérbio. A unha será arrancada da carne. Isso não é procedimento médico, é tortura chinesa.

Vêm daí as indagações sobre unhas. Como homem, minha preocupação limitava-se a cortá-las esporadicamente para não lembrar o Zé do Caixão. E só. Mas agora que está chegando a hora da consulta, começo a sentir uma aflição dolorosa pela unha que perderei.

Pode ter pouca utilidade, pode não fazer muita falta. Mas o lugar dela é na ponta do dedo, ora essa. Só me resta torcer para que a anestesia funcione mesmo. Do contrário, a dor vai ser muito pior do que unha quebrada – vai ser unha arrancada!

# Saudades de ficar doente

Das coisas que mudam bastante quando se tem filhos é ficar doente. A doença é sempre um transtorno, mas com filhos as coisas ficam diferentes.

Primeiro, porque há uma espécie de corrente sequencial da doença. Começa com o menininho catarrento da creche que a mãe sempre manda para a aula, mesmo tossindo, espirrando, babando e com manchas no corpo. Então é a vez do próprio filho ficar doente. Transtorno. Chama a vó para a cuidar, a vó não pode, sai mais cedo, fala com o chefe, fica com o filho, espera o cônjuge chegar para trocar de turno. Acorda toda noite para averiguar a febre.

Depois é a vez do outro filho. Inevitável e previsível. Mais outra semana naquela agitação. Até que chega a vez dos pais. Aqui eu sou o último, até porque, claro, em primeiro lugar as damas. A mãe fica doente e depois, para fechar com chave de ouro essa corrente inquebrantável, chega a minha vez. Um mês se passa nessa agonia, e, quando as coisas já estão se acertando – surpresa! –, quem está lá na creche? O menininho catarrento.

O ciclo começa novamente. E que bom que a cadeia da doença foi respeitada sequencialmente. É lucro. Pior é quando dois ou mais membros da família são acometidos pela doença ao mesmo tempo. Aí o transtorno se transforma em caos.

Mas outra coisa também muda quando se fica doente com filhos. Pensei nisso quando gripei outro dia, e comecei então a meditar nas doenças de outrora, de quando eu ainda não tinha filhos.

A doença, noventa e cinco por cento das vezes gripe ou resfriado, proporcionava um momento de recolhimento obrigatório, de refúgio necessário. Você aprendia a respeitar o seu corpo e colocar limites às obrigações diárias. Era uma espécie de pouso forçado, de parada estratégica, onde você se voltava integralmente ao cuidado do corpo. Por esse prisma, eram até bons momentos.

Sair do médico com a cabeça doendo, comprar na farmácia os antibióticos receitados, e chegar em casa com aquela contrição de caramujo que se abriga no casco. Compromissos eram desfeitos, obrigações deixadas de lado, porque você teria aquele momento sincero consigo mesmo para cuidar do corpo.

E então era curtir aquela fuga forçada do cotidiano, mesmo que a pretexto de uma moléstia. Ficar de pijama em casa. Cobrir-se todo no sofá, tomar alguma bebida quente enquanto assistia a alguma série na televisão. E então dormir – o repouso que é tão necessário para levantar esse corpo fatigado.

Depois começar tudo de novo, até a doença arrefecer e poder voltar à normalidade. Havia alguma coisa como uma paz interior ali, como se a gente tivesse se reconciliado com o corpo e pudesse seguir adiante, renovado. Ah, como eram proveitosas aquelas gripes e resfriados!

Mês passado acordei com cálculo renal, dor insuportável. A esposa, compadecida, arruma as coisas para me levar logo ao hospital. Primeiro obstáculo: quem ficaria com as meninas? Até uma coisa banal como ir ao hospital envolve uma logística apurada quando se fica doente com filhos.

Reuni força e fui dirigindo sozinho ao hospital, que, graças a Deus, era perto. Tomei um analgésico na veia, fiz exames, e, às sete da manhã, voltei para casa. Passei a madrugada em claro. Com dor. Comprei os remédios receitados, mas quando chego em casa – segundo obstáculo – tudo era agora diferente. O refúgio, o recolhimento, o momento sincero para cuidar de si mesmo, tudo sumiu.

Não pude dormir como queria, não pude me recolher ao sofá, não pude me esquivar das obrigações que me aguardavam em forma de choro e bocas sedentas precisando ser alimentadas. Abominei aquela fraqueza do corpo que, em algum momento do passado, já tinha me mostrado nuances positivas da situação.

Ficar doente agora é um atestado de derrota, de debilidade, de que você não foi forte o suficiente para aguentar a vida cuidando de si mesmo e de sua família. Para ser pai e mãe é preciso ser forte, é preciso saber tocar o dia a dia, mesmo quando se adoece.

# Gosto da tristeza

O paladar é um dos pontos de abertura do mundo externo com a interioridade do homem. Uma mordida, um gosto, uma sensação, uma lembrança. Boas memórias podem vir da boca. Aquele gostinho de pipoca doce é um passeio pela infância, nas filas de circo e em tardes no zoológico. Aliás, quantos gostos têm esses anos de criança, de Ovomaltine mal diluído no copo, de Nesquik de morango, de bala 7Belo.

Comida na boca traz lembrança, mas já fora da boca ela traz expectativa. É o famoso encher a boca d'água quando se sente o cheiro de alguma suculência na hora da fome. Chegar em casa depois das seis da tarde é sentir na vizinhança o cheiro de café, o frescor do pão quentinho e o aroma de algum quitute que alguém se aventurou a fazer.

Mas que tristeza é chegar em casa nessa mesma hora e receber com pesar a notícia de que hoje à noite a janta será... sopa! É um golpe na alegria da tarde, um soco na expectativa de comer, daqueles dados bem na boca do estômago.

Não sei por quê, mas esse trauma deve ter sido coisa de menino. Aquela tarde de cama, doente, feliz por ter faltado aula, mas sem forças para aproveitar o dia. O jeito é deitar e assistir televisão. Cinema em Casa no SBT, Sessão da Tarde na Globo, depois ainda era tempo de Programa Livre. E depois, o tédio.

A dor de cabeça estourando, o mal-estar permanente, e na televisão, jornal. A tarde caindo, a noite despontando e com ela uma agonia doentia, a voz de Gil Gomes dando medo no Aqui Agora, e você sozinho naquela escuridão crescente.

E então seus pais chegam em casa. Esperança. A doença tira o apetite, mas a expectativa que o momento da refeição traz é universal, e podia alegrar um corpo abatido. E minha mãe, na mais pura das intenções, diz que vai fazer sopa porque eu estou doente...

Há na mesa algo mais sem graça do que sopa? Melhor seria se entregar à prostração. Olhar aquelas bolhas de água passeando no prato, assoprar a colher para esfriar e encarar aquela comida sem graça. Era o jeito.

Confesso que, depois de um tempo, vim a apreciar, moderadamente, uma sopa em uma noite fria. Mas ainda ficou o trauma, e quando penso em sopa vislumbro essa aura meio depressiva que vem com ela, de modo que, para mim, sopa sempre remeterá a um ambiente doentio e solitário, de hospital e prisão.

Dizem que a derrota possui um gosto amargo, mas ninguém sabe ao certo que gosto é esse: Jiló? Chá de boldo? Já a tristeza, meus amigos, tem gosto de sopa, de sopa quente e sem graça, sorvida à noite, sozinho, na penumbra da sala.

# Escambo

O local era um mercadinho numa comercial da Asa Norte. Bem escondido, de frente para a quadra, com a pretensão humilde de socorrer apenas a vizinhança. Eu tinha de comprar limão, e, passando lá por perto, dei preferência ao mercadinho em detrimento dos grandes mercados de filas cheias.

Quatro limões no saquinho e meu trabalho havia sido cumprido. Na hora de pagar, havia no caixa uma balança enorme, daquelas antigas. Coloquei o saco com os limões lá em cima e esperei o vendedor observar atentamente a marca da haste. Com o olhar semicerrado, o homem abaixou-se um pouco para ver melhor a marcação e então disse, decidido: "Dois reais". Dois reais, o peso de quatro limões cravou em dois reais, nem mais nem menos. Ótimo, saquei a nota e paguei.

Atrás de mim havia um homem com um pequeno cacho de bananas. Quando eu estava recolhendo a carteira e os limões, o homem colocou o cacho na balança. Antes de sair, ouvi novamente o vendedor: "Dois reais". Coincidência engraçada. Quatro limões com o preço exato de um cacho de bananas. É claro que a balança era mero apetrecho para dar ar confiável à vendinha. O que valia mesmo era o olhômetro do vendedor. Olhava o produto, olhava o cliente e disparava o valor do preço; nos dois casos, dois reais.

Cerca de duas semanas depois, tive de voltar ao mercadinho. Dessa vez para comprar salsinha e cebolinha. Novamente, me restringi apenas ao objetivo que me levara até ali. Repeti o ritual da balança. Qual não foi minha surpresa ao ouvir o preço: "Quatro reais". Lógico, se um saco com quatro limões vale dois reais, o mesmo que um cacho de bananas, um saco de salsinha e outro de cebolinha também devem ter o mesmo valor. Pelo jeito, cada coisa ali valia dois reais, independente do peso. Talvez eu tente levar melancia ou uva Thompson da próxima vez...

Mas a enganação da balança me atinou para uma coisa intrigante: como mensurar o valor atribuído às coisas. A vida de hoje é facilitada pelo numerário comum, sem lastro, é verdade, mas acreditado pelo governo. Mas se descambarmos para a época do escambo, das trocas diretas, então a coisa deveria ser bem mais complicada.

Quanto valerá, em termos de bananas, quatro limões? Evidentemente, é uma conta que envolve alguns fatores. Primeiro, a disponibilidade do bem; segundo, a utilidade dele; terceiro, a urgência em adquiri-lo; e por aí vai. Contabilidade inexata que deve ser feita cara a cara, no calor da negociação.

O sujeito sai de casa com o excedente de sua produção: duas galinhas e farinha de trigo, e vai ao mercado do vilarejo providenciar sustento da família. Encontra azeite, pedaços de carne salgada, peixes, legumes, frutas e tiras de couro. O objetivo é diversificar a alimentação de casa, trazer algumas frutas seria interessante. A possibilidade de comer carne, porém, faz salivar a boca, mas, pelo preço, os peixes são melhor opção.

A negociação deve ser feita individualmente. Quantos peixes valerá uma galinha? O peixeiro não tem interesse no seu animal e propõe uma troca absurda. Melhor tentar outra coisa. Uma galinha por uma boa porção de tomate e batata. Depois, algumas batatas pelos peixes, que agora a troca ficou justa, e por aí vai...

A inserção do meio de troca comum ajuda, mas o processo continua complexo. O vendedor define seu preço com base no que acha que conseguirá comprar com o que receberá. Argúcia dos antigos que os códigos de barra e as etiquetas de preço nos fizeram esquecer. E, não havendo uma autoridade oficial a cunhar os meios de troca usuais, como os metais, então a solução é a pesagem. O problema, porém, persiste, já que três moedas de prata podem ter pesos diferentes.

Chegamos, por fim, aos aparelhos para medir peso. As inconveniências das trocas diretas, assim, ficam sanadas pela inclusão do meio de troca comum e das balanças, que permitem a estipulação de um preço em moeda passível de verificação. A não ser, é claro, que o vendedor queira vender cada item a dois reais.

# Solidariedade universal

Dizem que o exilado facilmente reconhece um conterrâneo no estrangeiro. Seja pelo jeito de andar, ou falar, ou alguma outra coisa, há o reconhecimento imediato daquele que compartilha da mesma origem pátria. Além do reconhecimento fácil, se estabelece também uma espécie de solidariedade mútua entre ambos, como se um pudesse confiar no outro pelo simples fato de serem da mesma terra.

A solidariedade instantânea entre desconhecidos também existe em outros campos. Por exemplo, no futebol, quando marmanjos que nunca se viram de repente se atracam em abraços e gritos de gol; ou quando alguém passa na rua e buzina para um transeunte vestido com a camisa do seu time, após uma vitória, dando aquele aceno de "vencemos, companheiro". Há boa vontade natural de parte a parte, que, se um pedisse um favor, o outro certamente faria.

Alguns têm ideais grandiosos a partir daí, querendo tornar obrigatória essa solidariedade para com todos os seres humanos, por lei ou pela conclusão lógica de alguma teoria. Em um cenário inóspito habitado apenas por feras, vá lá, o homem talvez veja no outro um semelhante com o qual se alie, e não um lobo hobbesiano. Na ilha do naufrágio, Robson Crusoé celebrou a chegada de Sexta-Feira assim como uma família, em gesto solidário, festeja a chegada de um novo irmão.

Mas no mar de gente que banha nossa vida, longe da ficção e de lugares ermos, os outros são apenas os outros. Nem sempre são lobos que competem pelo nosso espaço, mas, no mais das vezes, nos são indiferentes. Solidariedade só quando encontramos áreas delimitadas de identificação recíproca.

Há, porém, uma ressalva. Sim, porque existe por aí uma espécie de solidariedade universal que anda a unir estranhos do mundo inteiro. É a solidariedade entre crianças.

Elas têm uma irmandade própria, única, e, ao que parece, sem limites de fronteira. É como uma sociedade secreta. Cada criança tem dentro de si a capacidade inata para brincar com qualquer outra criança do mundo por mais de uma hora, mesmo que não se conheçam e talvez sem falar palavra – tudo porque pertencem a essa mesma organização que infunde solidariedade entre seus membros.

A idade funciona como único critério. Basta detectar a baixa estatura, o semblante pueril, a voz mais afinada e a faixa etária no alvorecer da vida para que elas possam dizer confiadamente: "Eis aí alguém com quem me identifico".

É como se as crianças fossem terráqueos em algum planeta habitado por ETs, que são os adultos. Quando trocam olhares entre si, é como se falassem "olá, companheiro, entendo sua luta para viver nesse mundo estranho cercado de alienígenas". É como se elas se entendessem mesmo sem falar nada: "oi, você também está pensando em brincar de sair correndo aqui nessa praça do shopping?"; ou como se dividissem inquietações e compartilhassem medos: "oi, amiguinho, você também tem medo de vacina?".

Enquanto os maçons se identificam por um misterioso aperto de mão, as crianças se reconhecem pela simples troca de olhares – um olhar ingênuo, franco, terno e telepático. Basta uma olhadela rápida no consultório médico para elas identificarem, de cara, os meninos e meninas com quem irão brincar, ou de quem irão imitar os gestos e os pedidos aos pais, ou com quem irão traçar rotas de fuga daquele lugar tenebroso.

Minha filha se atiça toda quando ouve alguma voz infantil em meio ao falatório do jornal na televisão, e busca saber o que sua consorte faz ali naquele lugar povoado de gente chata, trocando olhares de solidariedade com a criança entrevistada em alguma reportagem qualquer. O mundo, para ela, vai girando numa sucessão de acontecimentos. Mas, se algo envolve uma criança, aí sua atenção redobra e seu interesse desperta. "Por que a amiguinha está chorando?", "Olha o menino correndo". Se alguém de sua irmandade está envolvido no meio, então é dever dela se interessar e acudir quando necessário.

Solidários e fraternos. Mas não se animem aí os entusiastas da revolução, achando que os homens nascem puros e que nos cabe resguardar essa solidariedade inata até a fase adulta. Os rebentos do mundo todo podem ser solidários entre si – só até o momento em que seus intentos estejam concordes.

Experimente tomar o brinquedo um do outro para ver se os anjos renascentistas não se transformam logo em *enfants terribles* (há um lobo rugindo dentro de cada cordeirinho desse).

# Inconvenientes de um pomar

A carreta estacionou ao lado da casa e dela saíram dois funcionários uniformizados. Bateram palmas e aguardaram o morador da casa. Vendiam mudas de plantas. O morador veio apressado.

– Olá, doutor, trouxemos só coisa boa aí para o senhor. Tem pé de laranja, acerola, manga, morango, jabuticaba, o que o senhor quiser.

O doutor, que não era doutor, mas apenas o morador da casa, avaliou com cuidado as plantas em cima da carreta. As mudas de mais ou menos um metro de altura pareciam todas iguais. Tinham a base fincada em um plástico preto, troncos finos e folhinhas verdes. Evidente que se notava alguma diferença aqui e ali, como o tamanho ou o formato das folhas, mas daí a distinguir que aquilo era mangueira e aquilo outro era flamboyant, aí já era impossível. Para o morador era tudo pé de árvore. Mas ele escondia a ignorância com ar de entendido.

– Olha, eu tô querendo montar um pomar, então queria árvores com bastante frutas. Você disse que tem morango? É isso mesmo? Será que dá aqui no cerrado?

– Dá sim, doutor. São sementes adaptadas. Tudo foi criado lá no nosso viveiro já apropriado pro solo do cerrado. Pode comprar com a gente que é garantido!

Árvores adaptadas não são privilégio da modernidade e de pesquisas com transgênicos. São coisa antiga. Por exemplo, existe árvore mais característica de Brasília do que a mangueira? Com sua copa farta, sombra abundante e o verde escuro das folhas, a árvore parece ter sido desenhada para o cerrado brasiliense. Mas ela não nasceu aqui, veio da Índia com os colonizadores. Adaptou-se ao solo brasileiro – muito bem, por sinal – e veio parar aqui no cerrado, nos canteiros centrais das ruas da capital e nas superquadras.

Por isso o vendedor de mudas não estava iludindo o doutor sobre o tal do morango adaptado. Poderia ser verdade. Mas a questão que intrigava o tal doutor, que continuava a examinar as mudas simulando perícia botânica, não era propriamente da adaptação ou não da semente ao solo, mas da eficácia na produção de frutos.

– Eu quero saber se essas mudas produzem frutas mesmo. Muitas. E rápido. Quero um pomar cheio de frutas logo!

– Produzem! A de jabuticaba normal tem que esperar mais uns oito ou dez anos, mas a híbrida já está produzindo, e produz o ano todo!

– Ótimo, me vê uma híbrida então. E laranja, acerola...?

– Laranja é quatro anos para produzir, acerola três.

– Me vê uma de cada da híbrida.

– Doutor, é que laranja e acerola só tem a normal, não tem híbrida.

– Uai, mas eu vou comprar com você e vou ter que esperar mais quatro anos para colher os primeiros frutos?

– Isso.

– Não, rapaz, vem gente aqui no natal, e eu quero o pomar todo pronto e produzindo até lá.

– Pois é, mas vai demorar um pouco, doutor...

– Mas isso tá errado. Que absurdo. E como fica o Código do Consumidor?

– Doutor, mas é a natureza que é assim. Nós só vendemos a muda.

– Esse negócio de ficar colocando a culpa na natureza é fácil. Tudo é culpa da natureza! Então você quer me vender um produto, quer que eu cuide dele, espere uns quatro anos, para só então ver se deu frutos?

– Isso. Como o senhor quer ter um pomar se não quer plantar e esperar os frutos? Se quiser as frutas logo, o senhor pode ir no mercado e comprar tudinho lá, ué. Mas se quiser as árvores vai ter que esperar...

– Meu amigo, ninguém espera mais nada hoje em dia não. O mundo mudou, agora as coisas são feitas na hora. É fast-food, é conexão rápida, 200 mega, nunca ouviu falar não? Tempo é dinheiro, ninguém se pode dar ao luxo de esperar tanto tempo assim.

– Bom, a gente não pode fazer nada...

– Hum... Faz o seguinte, vou ter que ver com minha mulher quais mudas ela prefere. Esperem aí mais uns quinze minutos que ela já deve estar chegando.

– Sabe o que é, doutor, já temos outro cliente esperando, e... tempo é dinheiro. Estamos indo, mas se mudar de ideia liga pra nós.

# Jaca

Jaca é igual ao time do Flamengo – não se pode ficar indiferente, ou você ama ou odeia. Nunca vi gente que goste mais ou menos de jaca, que come sem gostar muito. Geralmente, o odor de uma jaca aberta já é capaz de suscitar náuseas aos desgostosos da fruta.

E, falando nisso, que fruta interessante. O nome já é engraçado. Jaca. Parece um deboche. Jaca. Mas o nome tem tudo a ver com a fruta. A jaca parece mesmo uma fruta debochada, bonachona, desleixada.

A jaqueira é até elegante: copa imponente, folhas de um verde bem forte, troncos sólidos. E de repente nasce aquele fruto grosseiro, pesado, diferente. Caramba, aquilo dá em árvore! A queda de uma jaca madura deve ser bem perigosa, será que alguém já morreu de jaca?

Os que gostam da fruta se entendem bem com aquela gosma nojenta que é o miolo. Pegam os gominhos e se deliciam – não sei como – com aquele sabor. Já deu para ver que eu sou do grupo dos que odeiam jaca (e dos antiflamenguistas também, diga-se de passagem).

Odeio nem tanto pelo gosto e sim pela inconveniência da fruta. O cheiro da jaca contamina todo um ambiente. Mal a fruta é cortada e o ar fica impregnado daquele odor terrível, pesado, nauseante.

Tenho alguns tios que amam a fruta. A maioria da família odeia. Por isso tentamos criar uma regra de boa convivência. Quer comer jaca? Ótimo, mas respeite a distância mínima de trinta metros de qualquer outro ser vivente. Corte a fruta longe, deixe a fruta longe, e coma longe de nós. Assim temos assegurado o bem-estar de todos.

Violar esse princípio pode levar a consequências bem ruins, como uma vez ocorreu na casa da minha vó. Minha vó, aliás, que é uma exímia cozinheira, principalmente de doces, e em se tratando de comida que ela fez, não aceita não como resposta. Como as negativas não surtem efeito, é melhor aceitar logo e pegar um pouco de cada coisa que está à mesa.

Certa vez, no meio da tarde, fomos eu, meu primo e um amigo nosso até a casa dela. Mal entramos na sala e percebemos um forte odor que havia tomado conta da casa inteira. O que é isso? Olhamos uns para os outros e logo alguém matou a charada: há jaca pela casa.

Minha vó se antecipou a uma possível rejeição da fruta e disse toda contente que tinha feito um delicioso doce de jaca. Doce de Jaca! O que viria a ser isso? A fruta para mim era horrível, mas será que o doce salvava? A julgar pelo cheiro, não.

Não sei como, mas consegui escapar das investidas da vó. Recusei o doce e ela não insistiu. Mas a sorte do nosso amigo não foi a mesma. Meu primo comeu, até porque gosta de jaca, mas nosso amigo era dos meus, e aceitou a contragosto o prato com o doce. Comeu uma vez. Minha vó não se contentou, e ofereceu mais. Pobre rapaz. Aceitou e comeu de novo. Dessa vez não conseguia esconder o asco com que dava cada mastigada.

E não deu outra. Cinco minutos depois ele correu para o banheiro e vomitou todo o doce. Só aí a vó entendeu que ele não gostava de jaca. Nunca perguntei qual é o time da minha vó, mas pelo jeito acho que ela é flamenguista.

# Dublado

– Dublado eu não assisto, é perder tempo e dinheiro! Um amigo é de opinião peremptória contra assistir a filme dublado. Também sou do mesmo julgamento. Não é preconceito contra o pessoal da Herbert Richers ou da VTI Rio. Mas, cá para nós, o filme perde sua dignidade quando é dublado. Não dá para levar a sério.

A trama se desenrola em suspense, todos acompanham com atenção o plano mirabolante do policial solitário para desbaratar uma poderosa máfia internacional. Um silêncio de cautela paira no cinema, as respirações são prendidas enquanto o policial invade um galpão vazio no meio da noite. A trilha sonora expele notas nervosas de um violino. O policial adentra um quarto vazio, a câmera mostra um vidro de veneno que contém a inscrição "Toxic". Subitamente, surge uma voz, quebrando toda a composição visual e sonora da cena, que diz pausadamente: "T ó x i c o". A voz do narrador ameniza o susto que vem logo em seguida.

O filme segue. O policial está sozinho em casa, e começa a cantarolar alguma música enquanto toma café. A música, no entanto, não é dublada. A voz original em inglês é bem diferente da voz dublada, o que causa estranheza e levanta a indagação: Por que não dublam essa parte? O dublador não sabe cantar?

Além disso, há uma escassez de dubladores nos filmes; a impressão é que há um poderoso sindicato que exerce uma reserva de mercado, garantindo emprego a velhos dubladores e impedindo a entrada de novos. Também pudera. Imagine você negando emprego a um senhor de meia idade, baixinho e acima do peso, mas que, quando abre a boca para reclamar o cargo, tem a voz ameaçadora do Wolverine ou o timbre soturno do Batman. Ok, o emprego é seu!

Por isso se é obrigado a conviver com vozes familiares em filmes distintos. O conde alemão faz um discurso pomposo no filme de época, mas você só consegue pensar que já ouviu aquela voz em algum lugar. Os ouvidos se aguçam, você mentaliza a voz meio anasalada, meio jocosa, e de repente se lembra: "É a voz do Quico!", o que tira toda a credibilidade do conde alemão. A voz que dubla Anthony Hopkins num suspense também cabe em Leslie Nielsen em uma comédia pastelão.

Pode-se falar das piadas que ficam sem tradução na dublagem, ou dos meninos paulistas com sotaque carregado que dublam quase todas as crianças recentemente.

Pagar para ver filme dublado no cinema é perder dinheiro. Mas os dublados, em casa, cumprem uma valiosa função social. Filme dublado é aquele que você vê sem dever de prestar atenção a cada fala; aquele em que você se levanta, vai ao banheiro, pega alguma comida na cozinha e volta a assistir sem se importar com a parte que perdeu. O filme deixa de ser um entretenimento profissionalizado e vira um mero passar de horas que não demanda mais a fundo o intelecto.

Tem gosto de Sessão da Tarde. Os filmes dublados podem até ser mera ambientação da casa, aquela televisão ligada sem ninguém de fato assistindo, só para preencher o silêncio de uma noite.

Os filmes dublados se encaixam perfeitamente naquele dia em que você está com preguiça até de ler as legendas, ou nos dias em que você se contenta em assistir a um filme pela milionésima vez, e mesmo assim ainda ri.

Além de tudo, aquelas vozes dubladas trazem um pouquinho do som da infância. A mesma escassez de dubladores que faz as vozes se repetirem nos filmes também é responsável por trazer memórias boas. Ferris Bueler (*Curtindo a Vida Adoidado*), Samuel Sam (*Karatê Kid*), Marty McFly (*De Volta para o Futuro*) ou Kevin (*Esqueceram de Mim*) foram imortalizados em nossa infância pela voz de seus dubladores, e não têm a mesma graça quando ouvidos no original.

Filme dublado no cinema é perder dinheiro. Mas em casa, numa noite preguiçosa, deitado no sofá, pode ser um bom negócio.

# A Nona

O primeiro movimento é marcante. Começa quase inaudível, fazendo a gente duvidar se os instrumentos estão sendo mesmo tocados. E depois sonoras investidas dos músicos ressoam por todo o teatro, trazendo a harmonia musical ao ouvido de todos.

A melodia desenvolve-se de forma mágica. É curioso passear os olhos pelos músicos, atentar para a atenção de cada um na execução da obra. Observar as linhas melódicas diferentes que vão se juntando para compor a sinfonia. Divertir-se com o percursionista e suas batidas enérgicas. Ou repousar a visão nos insólitos instrumentos de sopro.

E nem só de música sobrevive o espetáculo. Há por trás um balé de mãos e braços a tocar instrumentos numa sincronia perfeita. Os violinistas delicadamente seguram seus instrumentos como amantes e deslizam o arco com uma leveza audível; enquanto violoncelistas atacam as cordas produzindo sons graves e lúgubres. E depois se alternam, são os violoncelos que agora soam serenamente ao passo que os violinos cospem notas agudas e estridentes. Tudo num balé de mãos que descem e sobem ao mesmo tempo segundo o grupo dos instrumentos.

Às vezes é interessante fechar os olhos para fixar atenção na música e não se distrair com os músicos. O som exalado penetra diretamente na alma, como a recitar poesias de sentimentos indistintos que se abrigam no coração. Melodias que revelam sonhos, ou o fundo musical de reminiscências adormecidas.

Quando tudo já parece ambientado, eis que começa o segundo movimento, frenético, retumbante, numa agitação musical nervosa e ao mesmo tempo harmônica. A impressão é que as notas saem em marcha dos instrumentos, e em marcha dirigem-se ao fundo da alma.

E lá começam o irremediável processo de remexer memórias e revirar sentimentos. Será a alegria que virá à tona, ou vencerá o medo e a incerteza? Não é possível saber, posto que tudo é remexido como num caldeirão. Misturam-se todas as sensações e a alma fica sensível, transpirando emoção sem qualquer razão aparente, apenas pelo efeito mágico das notas musicais.

E então, a calma e a quietude. É o terceiro movimento que soa lentamente, calmamente, como num mantra executado por magos. É um assentamento, uma sedimentação das sensações que outrora pulavam desordenadas. A elegia produz um som contínuo, que alterna entre uma nota e outra de maneira suave, como o fluir da água em uma tarde de primavera. O espírito fica envolvido por uma aura de contemplação e sobriedade.

O quarto e último movimento irrompe com um gemido de suspense. Está se criando um clima para algo maior que virá a seguir. A tensão remete a essa esperança de resolução das coisas. E é nesse momento que surge, ainda tímida, grave, a linha melódica mais famosa e talvez a mais bela que se conhece. Pouco a pouco vai ganhando corpo e se firmando como a sonorização da própria beleza. Afinal soa como uma apoteose estrondosa e envolvente.

No meio desse mundo de sons eis que surge um que é bastante familiar – é o som da voz humana, entoado de forma a competir com os instrumentos e, ao mesmo tempo, a estabelecer entre eles uma fusão. Uma voz, duas e depois quatro. Ao tempo em que os instrumentos se elevam, ouve-se a voz de uma multidão, um coro a erguer sua voz como um bloco inteiriço de mármore, erigindo um templo sólido e firme. A bem da verdade, a impressão é que algumas vezes se ouve um coro angelical a entoar louvores perante o trono da graça.

O frêmito é inevitável, e percorre todo o corpo durante algum tempo. As emoções reviradas e serenamente sedimentadas agora irrompem de uma vez. Gotas marejam os olhos, mas não de tristeza, de emoção, de pura emoção indizível. Segue-se então um sorriso, um involuntário abrir-se da face em feição alegre; um sorriso de contentamento.

Vem o fim, como a sintetizar em poucos minutos tudo o que se viveu na última hora. A velocidade aumenta e explode em arranjos sonoros como fogos de artifício a explodir no céu brilhante.

A obra não é de um autor, um gênio qualquer. Pertence a toda a humanidade. É conhecida simplesmente como a Nona.

# Duas procissões

A cena se passou numa estradinha no interior de Goiás, quando voltávamos de Pirenópolis numa daquelas viagens de fim de semana. De repente, os carros à frente começaram a reduzir a velocidade até parar de vez. Havia no meio da estrada uma grande aglomeração de pessoas, impedindo o fluxo dos veículos. Fogos de artifício estouravam enquanto um policial observava tudo.

Tráfego completamente parado, sem perspectivas imediatas de voltar a fluir. Desliguei o motor, saí do carro e fui me inteirar do que estava ocorrendo. Procissão de igreja, foi a explicação objetiva. Deveríamos esperar aquele grande séquito de fieis da comunidade Nossa Senhora das Graças passar até que a estrada fosse liberada.

O barulho envolvente dos berrantes soando acompanhou a procissão. Bois e carros de bois, muitos cavalos e alguns a pé passavam em direção à igreja. Gente de toda idade, crianças se divertindo com a cavalgada, algumas velhas se benzendo pelo caminho e muitos jovens aproveitando a ocasião para flertar uns com os outros. Mais que evento religioso, era sobretudo um evento social, um ritual, talvez para a maioria desprovido de sua essência espiritual.

O jeito foi esticar as pernas e apreciar um pouco daquele viver interiorano, das tradições simples, dos hábitos das comunidades agrárias. Um encontro fortuito com um Brasil antigo, das vilas, das comunidades e do forte vínculo com a terra. Não fui o único. Muitos motoristas e viajantes desceram do carro e sacaram seus aparelhos eletrônicos para registrar o momento, como fosse exposição de museu, como os nossos amigos brasileiros fossem personagens de livros de história.

Atrás do nosso carro, alguns viajantes ridicularizavam o sotaque e as roupas dos que passavam com a procissão. Achavam engraçado, por exemplo, ver meninos de botinas ao invés de tênis Nike, ou jovens se locomovendo em grandes alazões, orgulhosos, como se estivessem em um Camaro amarelo.

Quando aquele monte de gente começou a entrar na igreja, o trânsito foi liberado, voltamos para o carro e seguimos viagem. Mas lá pelas tantas paramos de novo, dessa vez voluntariamente. Fomos a um moderno shopping na beira da estrada, lugar apinhado de lojas de grifes famosas vendendo a um preço (supostamente) acessível. Era um *outlet*.

Confesso não ter muita paciência para esse tipo de coisa. E, como fui parar lá meio que carregado pelos companheiros de viagem, após alguns minutos de andança logo achei um banquinho e lá fiquei, esperando as compras do restante do pessoal.

Fechei um pouco os olhos e me distraí; até dormi por alguns minutos. Em seguida, peguei o celular e comecei a mexer naquele mundo virtual de caixinhas mágicas. Mas logo cansei. Comecei a observar aquela leva de gente que passava de loja em loja em busca de promoções. Passei, então, a me interessar por essa segunda procissão que passava diante dos meus olhos.

A aglomeração de pessoas era maior do que na estrada. Também tinha gente de todas as idades. Também tinham todos uma espécie de religião em comum, o consumo. Rostos ávidos por compras, por marcas, por grifes. Pernas indo e vindo a todo instante, sem parar, entrando uma a uma nas lojas famosas de nosso tempo.

Uma constatação importante. Eram raras as pessoas que gozavam do bom gosto na composição da indumentária. Falando de outro jeito, se vestiam mal mesmo. Alguns casos eram tão gritantes que quase me levantei para oferecer conselhos, não que eu seja *personal stylist*, mas apenas tenho um mínimo de bom senso. A procissão do consumo, então, também era como se fosse um ritual vazio, já que o sentido e a essência dessa religião, vestir-se bem, era ignorado pela maioria dos fiéis, que seguiam apenas a liturgia da cerimônia.

Duas procissões no mesmo dia. Uma numa estradinha, outra num shopping. Uma da religião católica, do pessoal do interior; outra do culto ao consumo, dos modernizados urbanos. Dois rituais vazios de significados; mas, procissão por procissão, prefiro a simplicidade do pessoal da comunidade Nossa Senhora das Graças.

# Filosofia grega por um americano

Já do avião era possível ver a Ática e seu litoral acidentado, terreno montanhoso salpicado por árvores baixas, a flora mediterrânea trazendo grande encantamento à cidade milenar. Atenas é belíssima, e a mistura do céu azul com as casas e os prédios brancos emana uma aura de sabedoria, como a confirmar o testemunho dos séculos.

Berço da democracia e academia de filósofos. Foi ali, à sombra de vastos olivais, que homens como Platão, Péricles e Aristóteles andavam, filosofavam, discursavam, faziam política. O que haveria de especial em Atenas para gerar tão grande produção intelectual que sobreviveu ao tempo?

Dizem que algumas localidades têm o poder de exercer influência no espírito dos homens. Paris, por exemplo, é capaz de suscitar romantismo a partir de suas ruas iluminadas por postes Art Decó que ladeiam o Sena. É descer lá para se sentir um artista ou um revolucionário. "Respirar Paris é conservar a alma", disse um escritor inglês. Já as terras brasileiras, com os ares dos trópicos, o gostoso aroma de café, a natureza luxuriosa, têm o poder, segundo Aloisio Azevedo, de amolecer o mais sólido espírito laborioso, tornando-o liberal, contemplativo, amoroso, resignado e boêmio, "vencido às imposições do sol e do calor". Pelo menos foi o que ocorreu com Jerônimo, o austero trabalhador português, no cortiço de São Romão.

Quanto a Atenas, terra de perguntas que leva o homem a querer desvendar os mistérios da vida. Do alto da Acrópole tem-se ideia da vastidão do mundo, um mundo onde montanhas suscitam a curiosidade de saber o que existe além e onde o grande mar estende-se aos limites do inexplorado. Talvez seja essa a razão que fez com que Atenas se tornasse a terra de pensadores e filósofos.

Entre os muitos turistas tirando fotos ou os habitantes pacatos e religiosos, é possível avistar aqui e ali pessoas divagando pelas ruas atenienses, perdidas em solilóquios. Talvez efeito dos ares que sopram na Ática.

Caminhamos pelo bairro de Plaka, um adorável labirinto de ruazinhas de mármore. Sentamos em um restaurante e na mesa ao lado estava um senhor claramente afetado pelo ambiente de Atenas. Os olhos contemplativos, o semblante de deslumbre, e a cabeça nos ares – claramente alguém que gastava tempo pensando na vida, filosofando.

Era americano, pouco mais de quarenta, careca, alto e de porte atlético, talvez um militar na reserva. Sentava-se com sua esposa e dois filhos, um menino de uns seis anos e uma menininha de três. Nosso almoço ganhou um sabor especial naquele dia, mas não pela ótima comida grega – tzazicki, moussaka e cordeiro – e sim pelo filósofo americano ao nosso lado.

Começou com um gesto simpático de nos indicar pratos e vinhos do cardápio (o que foi de grande ajuda, considerando que a carta estava em grego!). Recostado à mesa, feliz, bebendo seu vinho, ele volta e meia puxava assunto conosco. Conversa vai, conversa vem, pediu permissão para nos dar um conselho: aproveitem seus filhos, disse ele. Os jovens se preocupam em trabalhar, ganhar dinheiro, ver as coisas, mas o tempo com a família é irrecuperável. Os filhos crescem e você nunca mais tem a oportunidade de segurá-los no colo, de aproveitá-los enquanto crianças. Não tínhamos filhos ainda, mas consideramos aquele um bom conselho, claro.

Eles terminaram o almoço, a mulher foi na frente com as crianças. O filósofo ficou pagando a conta e conversando com o garçom, quem sabe dando outro conselho de vida. Ao sair, olhou-nos com olhar profundo e proferiu uma espécie de bênção: "Have a wonderful life and beautiful children". E sumiu.

Tenham uma vida maravilhosa e lindos filhos. Uma despedida certamente maior que um "até mais", "boa sorte", "boa viagem" ou "tudo de bom". Uma vida maravilhosa. Enquanto pensávamos naquela frase forte e enigmática, veio o garçom com um champanhe, duas taças e começou a servir. Falei que não havíamos pedido a bebida, um prestigiado champanhe de Santorini para lá de cem euros, e que deveria ser engano. O garçom, porém, continuou ali, e após servir a bebida nas taças, nos informou que fora o americano que pagara tudo.

Uma confusão entre gratidão e constrangimento se instalou em nossos corações. Um gesto de bondade, e aquelas palavras fortes ecoando "Have a wonderful life". Tenham uma vida maravilhosa.

Tivemos certamente um fim de tarde maravilhoso, com farta comida e regados a um bom champanhe, colocando à mesa sonhos, planos e expectativas em uma conversa leve. Pensamentos divagando ao longe, ficamos recostados ao vagar da tarde, filosofando sobre a vida – efeito dos ares atenienses... Ou pode ter sido consequência do inesperado presente de um americano da mesa ao lado. Ou de ambos, o que não faz a menor diferença ante a grandeza da vida.

# Tempo: Essa geração

# Netflix: somos todos milionários

Os escândalos diários da Petrobrás falam de desvios de bilhões e bilhões de dólares. Valores que fogem à mensuração comum do dinheiro. Um trabalhador médio nunca conseguirá apreender a exata extensão dessas cifras. Afinal, parece não haver diferença entre ter setecentos milhões ou quinze bilhões, além da colocação no ranking da Forbes.

Para os assalariados, os deleites, os riscos e perigos da fortuna só podem ser vislumbrados após um processo de muita especulação. A Mega da Virada sempre traz esses exercícios imaginativos sobre como seria a vida na condição de milionário. Outros experimentam o gosto hipotético da riqueza com jogos virtuais.

Minha riqueza imaginária encontra-se no Netflix, que encaro como uma conta num banco suíço. É lá que sinto como deve ser a sensação de dispor de um patrimônio milionário.

Tudo começou nas locadoras. Ali éramos todos pobres trabalhadores escolhendo bem como gastaríamos nosso dinheiro suado. Extravagâncias só eram cometidas nas promoções do leve 3 pague 2. A invenção dos DVDs como que aumentou a renda média da população, e o aluguel deu espaço à propriedade – todos podiam ser proprietários agora.

Vários yuppies gabavam-se de suas vistosas coleções de DVDs que exibiam na sala do home theater. E, onde há muito dinheiro, também há corrupção. A farra dos filmes piratas se deu de forma generalizada, sendo um fato tão consumado quanto é hoje em dia o petrolão.

A rápida disseminação dos downloads na internet fez com que as pilhas de DVD se transformassem em ativos desvalorizados. Montanhas de entulhos que não serviam mais para nada. Baixar filmes se tornou obsessão coletiva em uma população ávida por riqueza. É da natureza humana.

Não havia mais restrição econômica ou social. Qualquer um poderia entrar nos sites corretos e baixar o filme que quisesse. De graça. Era como um navio de imigrantes aportando nos Estados Unidos no início do século XX, abrindo suas portas para milhares de jovens ciosos de viver o *american dream* e montar sua fortuna própria.

Tive um amigo que ficou rico, pois colecionava inúmeros filmes e séries em seu HD externo. Fazia inveja a todos falando de novas séries que ninguém tinha sequer ouvido, mas ele já tinha até a terceira temporada no seu computador. Sua paciência e dedicação colocaram-no na vanguarda daquela nova e abastada geração.

E então veio a era do Netflix. Um catálogo de centenas e centenas de filmes à disposição de um clique. Por isso a sensação de ser milionário, de ter um patrimônio incalculável. Nada de alugar filmes, comprar DVD ou baixar da internet. Quem é rico dá-se ao luxo de escolher deitado em seu sofá.

Sempre quis ver os "filmes aclamados pela crítica", como *Scarface*, ou ver de novo filmes que gostei, como *A Origem*. Eles estavam ali, ao meu alcance, bastando clicar e começar a ver. Mas não tinha vontade de assistir naquele momento. Adicionei os filmes na lista de favoritos e deixei para outra hora.

Assim fui montando uma lista que já é quilométrica. Ainda hoje lá está *Scarface*. A disponibilidade eterna me faz procrastinar o momento de assisti-lo. Sem falar que sempre entra algo na frente, como a nova temporada de *House of Cards* ou um filme recentemente adicionado.

O fato é que gasto mais tempo olhando o catálogo do que assistindo os filmes. Me especializei nessa arte, nesse zapear silencioso de ler sinopses. De uma forma quase mecânica, inerme, sem entusiasmo, passo a ver os filmes que antes me fariam vibrar ao sair do cinema ou pegar na locadora. E foi então que atinei sobre o tédio de ser milionário.

A sensação de ter milhões de dólares numa conta na Suíça deve ser análoga à de ter milhões de filmes em uma conta no Netflix. A abundância incalculável, a disponibilidade permanente e a facilidade na fruição dos ativos como que retiram o valor de coisas simples. A riqueza, quem diria, traz à vida um triste enfado.

"É estranho que nos force a natureza a chorar o que mais obter queríamos", disse uma vez Shakespeare. É com olhar melancólico que muitas vezes miramos o passado simples e humilde, desprezando a riqueza obtida com o sacrifício de uma vida. "Por que não nasci eu um simples vagalume?", afirma o luminoso sol em Machado de Assis.

A maioria dos ricos não despreza sua riqueza e decide viver na penúria, assim como ninguém pretende reviver a época das locadoras com a comodidade do Netflix. Mas, nos dois casos, o mesmo sentimento de insaciedade, um tédio latejante falando que é preciso algo mais do que a mera fartura.

# Tribos urbanas

O Marcelo, que era chamado de Baiano, convidou para passar a tarde na quadra dele, uma quadra de militar lá na Asa Sul. O pessoal do Baiano lá no colégio era do tipo pagodeiro. Usavam bermudas floridas e folgadas, que deixavam aparecer a cueca, trajavam camisa regata e boné. Alguns tinham um topete descolorido, e a maioria tinha o Rodriguinho dos Travessos como ideal de imagem.

Naquela época, o estilo de vestir dizia muito sobre alguém. Era bater o olho no visual da pessoa e saber o gosto musical, quem eram seus amigos, a preferência política e até o temperamento. Tinha o pessoal rockeiro: esses usavam All Star, camisas pretas, geralmente de bandas como Led Zeppelin ou Legião Urbana, tinham o cabelo grande e apreciavam livros de ficção do tipo Senhor dos Anéis. Tinha também os skatistas, de tênis Qix, visual bagunçado estilo grunge, ouviam Blink 182, usavam brincos e eram viciados em Tony Hawk no Playstation. Tinha, é claro, o grupo dos playboys, sempre com o tênis da moda, as roupas da moda, e ouvindo as músicas da moda, de boy bands a hip hop.

Um dia a professora de filosofia falou sobre tribos urbanas, e lembro que o Baiano gostou tanto da sacada dela que ficou comentando comigo depois da aula. Em uma sociedade de massas, dizia a professora, onde as roupas, o entretenimento e a cultura são produzidos em larga escala para milhões de pessoas, há a necessidade de se distinguir em meio à uniformização. Para não ser apenas "outro tijolo no muro", os jovens se diferenciavam pela roupa e por gostos musicais, criando grupos separados – tribos urbanas, no dizer técnico –, para construir melhor sua identidade e individualidade.

No final do ano, o Baiano foi morar fora com a família dele, acho que na Austrália, e, pelo que eu saiba, nunca mais voltou. Mas temo que se ele chegasse hoje no Brasil iria achar tudo uma confusão.

Imagino ele chegando no aeroporto e olhando para um jovem de calça cáqui, camisa xadrez, barba bem grande e tatuagem no antebraço. O Baiano, acostumado às tribos de antigamente, poderia arriscar tratar-se de um rockeiro alternativo, um indie, universitário, "meio intelectual, meio de esquerda", talvez fã de Los Hermanos ou The Strokes. Ele poderia estar certo.

Mas também poderia estar certo se julgasse se tratar de um pagodeiro. Nada de bermudas floridas ou visual estilo Belo. A mesma barba, a mesma camisa xadrez se adaptam a um pagodeiro que ouve Jeito Moleque. O mesmo estilo metrossexual cai bem em um playboy, um skatista ou um intelectual politizado. Vejam só, o coque masculino é comum tanto a Wesley Safadão quanto a um hipster bem alternativo, e até a Ivete está cantando no Rock in Rio.

O jovem do aeroporto poderia ser um sertanejo universitário (essa tribo nem existia!); um Luan Santana, um Gusttavo Lima. Ao invés de The Kooks, o jovem poderia curtir tranquilamente duplas sertanejas e Clube FM. Aí acho que o Baiano não entenderia mais nada. Um sertanejo com o mesmo visual de um pagodeiro ou um rockeiro indie! O que aconteceu com o mundo?

Em vez da diferenciação em tribos urbanas, em formas de se vestir ou pelo gosto musical, um fenômeno de homogeneização, de padronização estética. O mesmo estilo. O mesmo visual. Um ecletismo que domina os jovens de hoje, sem contornos definidos, mas com fronteiras difusas entre uns e outros.

Acho que diante desse quadro, o Baiano, que sempre foi meio da galera, tomaria como primeira providência deixar a barba crescer. Depois retocaria o visual em barbearias especializadas em homens vaidosos, que agora tem aos montes por aí. Compraria suas roupas adequadas.

Em seguida procuraria a professora de filosofia para saber o que estava acontecendo, talvez se desapontando ao saber que ela, agora aposentada, tinha virado uma blogueira fitness.

# Instagramizados

*Conheceram-me logo por quem não era e não desmenti, e perdi-me.*
*Quando quis tirar a máscara, estava pega à cara.*
*Quando a tirei e me vi ao espelho,*
*Já tinha envelhecido.*
*(Fernando Pessoa, Tabacaria)*

Atormentado pela metafísica de uma tabacaria, o poeta português fala que o conheceram por quem não era, e não desmentiu. Foi cúmplice de um engano, e passou a fingir ser quem não era, envolvido numa falsidade ideológica até se perder entre realidade e fingimento.

O drama de nossa geração é mais profundo que o embuste de Pessoa: nós mesmos nos damos a conhecer por quem não somos. Criamos o espetáculo da simulação, sem que seja outrem o responsável pelo engano. Com esmero, esculpimos a bonita máscara que se "pega à cara".

Ah, que bela fachada tem a falsidade – já dizia um inglês no século XVI. Nesse ponto, nossa geração se une aos antigos, e juntos celebramos a hipocrisia de ser humano. Não há nada de novo sob o sol.

Nossa inovação, que deixaremos como herança à posteridade, é o aperfeiçoamento da técnica. Uma evolução da espécie. Mais que sorrisos fingidos. Mais que a fria adulação. Mais que as palavras vazias. Mais que uma vida fingida, porque nosso fingimento é tão real quanto a imagem de uma televisão 4K. Utilizamos a tecnologia para potencializar nossa desfaçatez – eis em que melhoramos.

Criamos o pacote completo, um avatar inteiro, um simulacro de nós mesmos, clones melhorados de quem somos. Não é apenas uma versão digital. É a versão criada digitalmente que invade a realidade e ganha vida autônoma. Pigmalião construindo não a estátua de Galateia, mas a sua própria.

Pinçamos e selecionamos o que publicar, o que mostrar aos outros, como nos daremos a conhecer – nossa vida é uma coleção dos melhores momentos.

Aplica-se o filtro correto, na foto correta: lo-fi em dias abertos, para valorizar o céu; preto e branco para introspecção, com alguma frase reflexiva; tilt shift dá um toque artístico, esmaecendo o derredor; boomerang é a cara da ostentação de uma vida feliz; desprendimento pelas técnicas de tratamento também é bom com um #semfiltro; nostalgias sentimentais do #tbt e as pequenas e velozes histórias do cotidiano valorizam a exposição, fazendo a ponte entre o passado dourado e o presente interessante.

Pronto. Não somos mais pessoas, mas perfis ambulantes. É mais que photoshopear a realidade, é instagramizar a vida.

Com o perfil talhado até nos pequenos detalhes, cuida-se então de colocá-lo em movimento. Para isso, temos de (fingir) ser autênticos ao mesmo tempo em que seguimos o fluxo inexorável das multidões. Ser alternativo pelos caminhos já determinados. Afinal, nenhum de nós pode ser contado entre a massa, entre os influenciáveis – pela mídia, pelos artistas, pelos amigos, por quem quer que seja.

Somos autênticos e felizes, editando cliques de uma vida única e alternativa! Lugares incríveis (pôr do sol em Ipanema com direito a #errejota) e lugares alternativos (#becodobatman); o restaurante (ou food-truck, que é mais alternativo) do mês, com foto do prato da moda; o exercício (#crossfit) e as dietas do momento; sertanejo, pop, bandinhas indie, música brasileira de raiz ou #vaisafadao; paleta mexicana (ou churros gourmet, ou pipoca gourmet); bloquinho de carnaval com os amigos; a série da moda (#GoT) e a série alternativa; as roupas alternativas (mas vendidas em metade do mundo); e até a sexualidade alternativa (mas é autodeterminação e liberdade!).

O embuste de nós mesmos, que até mesmo nos engana. Afinal, quem somos? Crianças desejando reconhecimento, trocando likes, seguindo de volta, enaltecendo qualidades e escondendo defeitos? Sim. Mas será apenas isso?

A máscara se prendeu à cara. Quando a retirarmos, estaremos todos envelhecidos, desfigurados, irreconhecíveis – e isso aos trinta e poucos. Alguns terão crises existenciais, mas a maioria de nós resolverá o problema com uma plástica, se possível assumindo a feição da máscara.

Jacó vestiu mantos feitos de pele de ovelha para se passar por Esaú, seu irmão mais velho de corpo peludo. Com a farsa, conseguiu a bênção de Isaque, o pai já cego, que lhe acariciava os braços pensando falar com o primogênito. Jacó, o enganador, deu-se a conhecer por quem não era, e não desmentiu. E perdeu-se, fugindo vinte anos do irmão mais velho.

Tal como Jacó, somos nós. Os outros conhecem não quem somos, mas quem damos a conhecer. E damos a conhecer uma versão autêntica, desprendida, feliz – e irreal. E nos perdemos no caminho.

O enganador Jacó afinal voltou à terra de seus pais, já envelhecido. Um pouco antes, ainda no caminho de volta, lutou, na solidão da noite, com o anjo de Deus. Após ser ferido, ouviu a pungente pergunta: Quem é você? Caía ali a máscara do fugitivo enganador, vencido, rendido, o qual, reconhecendo-se como tal, teria seu nome mudado para simbolizar o reencontro de si.

Nesses tempos de aperfeiçoamento da farsa de nós mesmos, a pergunta ainda ecoa: quem é você?

# Informação assimétrica

O carro faz uns barulhos estranhos e dá uns engasgos. É ter de sair de casa apressado para chegar ao trabalho que o automóvel não corresponde, dando de falhar justamente nesses dias. Ligo para o chefe para dizer que vou me atrasar pela ida forçada à oficina; ele não atende. Fico de ligar mais tarde.

Encontrar alguma oficina de confiança? Impossível. Na última que fui, o mecânico me enrolou cobrando um preço excessivo; na penúltima, achei o preço justo, mas o serviço péssimo.

O jeito é se arriscar e ter a sorte de encontrar algum mecânico que ainda tenha lá no fundo um pouco de honestidade. Tudo bem, não concordo inteiramente com as generalizações, mas os estigmas que elas produzem andam aí fora atribuindo a cada um seu papel social – e a falta de credibilidade foi o que coube aos mecânicos.

Encontro uma oficina no meio do caminho, vazia, que foi o único critério que adotei para a escolha. Relato o problema, converso com o rapaz e já sinto o cheiro de enrolação. Mas vamos lá, não tenho muito o que fazer. Aliás, tenho. Tenho que comprar uma peça que estava danificada. Quanto custa? O cara vai lá dentro ligar para o seu fornecedor e diz: "Cento e dez, mais a mão de obra, duzentos no total". É o jeito. Mando ele comprar e fico aguardando a peça chegar.

Mas, só por curiosidade, pego o celular e consulto o site de uma loja de peças automotivas. Será que eles têm aquela peça? Sim, vamos ver quanto custa... Sessenta reais! Ora ora... quase a metade do que o mecânico me falou. E a máscara se quebra! Falo com o rapaz, ele fica um tanto encabulado, meio sem jeito, tenta balbuciar algumas desculpas, fala de garantia, qualidade da peça, mas afinal acaba cedendo e baixa o preço.

A peça chega, ele faz o serviço um tanto contrariado com o cliente, e ao cabo de uma meia hora me entrega o carro já consertado. Pago com um ar de vitória, como de alguém que faz um grande negócio. O grande negócio, no caso, foi apenas me livrar de uma enrolação de oficina.

Em seguida, vou ao trabalho apressado, mas remoendo a situação. Reflito sobre o caso, sobre essa vida moderna, celulares, e me vem uma ideia à cabeça: assimetria de informações, meu caro.

Uma das falhas de mercado apontada pela teoria econômica consiste na "assimetria de informações". Nessa situação, os agentes que irão realizar uma transação econômica têm informações diferentes sobre determinado bem, de sorte que a assimetria prejudica a troca.

O exemplo tradicional é o mercado de carros usados. Apenas o vendedor tem o pleno conhecimento do produto, pois ele conhece se o carro é bom ou ruim. O comprador se limita a olhar, fazer um test-drive e confiar na palavra do outro. George Akerlof, vencedor do prêmio Nobel, estudou a assimetria de informações analisando justamente o mercado de carros usados num trabalho que se tornou clássico.

Ocorre que a internet tem funcionado como um oceano de informações disponíveis, minimizando essa tal assimetria de informações. Um clique no Google e você sabe o preço de qualquer produto, as opiniões sobre determinada marca, ou o que os consumidores do mundo inteiro têm a falar sobre sua próxima opção de compra. O poder da informação está lá na web, regulando a qualidade de bens e serviços e até coibindo abusos. Bendita internet!

    Enfim chego ao trabalho. O chefe me indaga sobre o porquê do atraso, e então me dou conta de que não tentei ligar novamente para avisar. Explico sobre o carro e digo que liguei mas ele não atendeu. Ele não engole a desculpa, fecha a cara e vai entrando em sua sala enquanto diz: "Por que não mandou um email avisando, um WhatsApp? Você tem de aprender a usar mais a internet..."

# 30 anos

Ao chegar com seu exército na Espanha e se deparar com a estátua de Alexandre, César pôs-se a fitar o conquistador macedônio e, após um tempo, desatou a chorar. Perguntado sobre o motivo das lágrimas, o general romano respondeu:
— Como poderia conter as lágrimas ao pensar que Alexandre, com a minha idade, tinha conquistado o mundo, ao passo que eu, até hoje, ainda não fiz nada digno de memória!

O drama de César também compunge o peito de quem faz trinta anos, talvez não ao ponto das lágrimas, mas pelo menos à reflexão demorada. A pouca idade já não é desculpa para as grandes realizações.

Einstein já tinha desenvolvido a teoria da relatividade geral, Graham Bell tinha inventado o telefone e Heisenberg ganhava o Nobel de física. Goethe, Charles Dickens e Victor Hugo já haviam publicado clássicos; Calvino já tinha escrito as Institutas. Bill Gates e Zuckerberg já haviam mudado a cara do mundo. Pelé já era tricampeão mundial e o maior da história. Mozart, Chopin e Michelangelo já haviam se consagrado nas artes. Napoleão era o primeiro-cônsul francês, e Davi ascendia ao trono de Judá. Sobretudo Jesus, aos trinta, iniciava seu ministério, e, como homem, já se encontrava no cume de toda sabedoria e retidão.

E eu até hoje nada fiz digno de memória.

O primeiro impulso ao se deparar com essa data talvez seja mesmo o da decepção pessoal. Fui criado em uma geração com altas pretensões, regada a discursos grandiloquentes, destinada a coisas grandes. O esforço pessoal não levaria apenas ao sucesso, seríamos capazes de mudar o mundo! Mas crescemos e o mundo se mostrou maior que o nosso ego; fomos engolidos por sua grandeza e atropelados por sua indiferença. O mundo segue sem depender de nós, e eu nada fiz digno de memória.

Mesmo que o padrão seja rebaixado do nível dos notáveis para o da realidade circundante, mostramo-nos, ainda assim, abaixo da média. Imaturidade, teimosia, procrastinação e uma lista incontável de erros. Muitos estariam no auge intelectual, artístico e pessoal, e eu ainda me desculpando com a desculpa de ser jovem.

Há algo de especial na fronteira dos trinta que traz maior reverência à ocasião. Além da nova década inaugurada, da mudança do algarismo na idade, há um quê de gravidade que o tempo reserva. Depois dos trinta, passamos para o outro lado da juventude (no carro me flagro ouvindo apenas Antena 1 e CBN). Talvez por isso a geração da contracultura adotou como mote, nos protestos de Paris, não confiar em ninguém com mais de trinta anos. Talvez por isso a reação imediata com a ideia dos trinta, que vem como uma nuvem repentina que esconde o sol, seja comparar o que poderíamos ser com o que de fato somos.

Mas o sol ainda brilha com fulgor. Os trinta vêm, ao mesmo tempo, com a disposição de quem ainda tem muito por viver. Ainda somos jovens; a vida sorri, cheia de possibilidades, com a fragrância suave das flores da primavera. O passar dos anos traz aprendizado prático sobre o funcionamento das coisas: a alma vai se acostumando, paciente, com os compassos do tempo e das estações, com a virada dos anos; o paladar vai se refinando para apreciar boa comida e sorver as iguarias da terra; o temperamento vai se amortecendo para lidar com os outros; os olhos já são treinados para reverenciar a beleza. A idade, aliás, é bela, fundindo, em formosa mistura, juventude e maturidade, audácia e segurança, sonhos e histórias para contar.

Ainda somos jovens. O tempo, contudo, está nos alcançando. O corpo já sinaliza o toque da velhice – ela existe, e começa a degradar o corpo de uma forma irremediável. Pequenas rugas, alguns cabelos brancos e a constatação de que a vitalidade e a energia dos vinte estão indo embora. Jogar bola já não é a mesma coisa (talvez haja esperança na categoria Master), e o corpo já não lida tão bem com programas que se estendem madrugada adentro.

O tempo vem trazendo certo estreitamento de possibilidades. Nos vinte, o horizonte está completamente aberto: escolher o curso, a profissão, a pessoa com quem casar, a direção da vida. Aos trinta, várias escolhas já foram tomadas. Por mais que se venda a ideia de que sempre é possível recomeçar, os trinta não trazem o horizonte aberto de outrora; é preciso aceitar os contornos que a vida tomou, e refletir sobre o que fazer em seguida.

O fato é que ficou para trás a era das grandes navegações e das conquistas. Esses vinte e poucos em que o jovem mira a linha do horizonte sem saber o que existe além, aventurando-se a singrar pelos mares da vida com a ousadia de um navegador.

Aporto na outra margem, olho para trás, e vejo como Deus abençoou a travessia. O desapontamento pessoal frente à ideia dos trinta é eclipsado pelas alegrias que Deus já me permitiu viver. Amigos, diplomas, emprego, viagens, casamento com uma mulher incrível, uma filha linda já com dois anos, e outra a caminho. Como diz o ditado, já fiz um filho, plantei uma árvore (coloquei uma muda em um buraco na terra, serve?) e escrevi um livro.

Agora o esforço é pela colonização da nova terra. Dobrado o Cabo das Tormentas, com a nau ancorada e lançadas as bases do acampamento, impende trabalhar dia e noite para o estabelecimento da colônia. A princípio, não parece tão empolgante quanto as descobertas das grandes navegações, mas lutar para proteger a vila, garantir sustento no inverno de Plymouth, e migrar para o oeste, se preciso for, são das tarefas mais difíceis – e gloriosas – da vida. Trinta anos, boas perspectivas, grandes desafios.

Pensando melhor, como advertiu um sábio, ainda bem que não somos contados entre os grandes desse mundo, que carregam nos ombros o enorme peso da responsabilidade. Ainda bem que somos pequenos, ordinários, até obscuros. Afinal, "tudo o que temos de fazer é usar bem o tempo e cuidar das responsabilidades que Deus nos confiou". As lágrimas de César dão lugar ao salmo de Moisés: ensina-nos a contar os nossos dias, para que alcancemos corações sábios.

# Trailer da vida

Uma foto em um álbum antigo. Enquadramento ruim, local escuro, um dos fotografados saiu com os olhos fechados, cenário banal, apenas a sala de uma casa. Péssima foto. E, no entanto, quantas lembranças e quanta emoção por trás dessa foto.

Daquele ano do início da década de 1990, talvez seja um dos poucos registros da família. É por essa foto que se lembra dos cabelos da moda, das roupas da época, e de como era nossa vida, nossa infância, nossa família. Péssima foto. Preciosa foto.

Tempos remotos quando ainda existiam fotos reveladas e álbuns de fotografia. Quando não dava para saber como a foto tinha ficado antes da revelação. Quando tínhamos apenas 24 ou 36 chances de bons registros, a depender do filme comprado. Quando tínhamos de aproveitar bem cada oportunidade para registrar apenas os melhores momentos, as melhores paisagens e as melhores poses. (A propósito, quantas fotos espontâneas naquela época: será que os fotógrafos eram tão ruins ou a vida era menos fingida?)

As máquinas digitais vieram para revolucionar o modo de capturar imagens. Memórias cada vez mais extensas, possibilidade de fazer vídeos, tirar fotos e ver na hora como ficou, apagar, dar zoom. Completaram a revolução os smartphones, tornando a fotografia um exercício tão ordinário que se pode até mesmo registrar toda a banalidade do cotidiano, como imagens do prato de comida, da roupa da academia e do reflexo no espelho do elevador.

Antes dessa revolução, minha família tinha apenas um álbum de fotos para cada ano. Lá estavam registros de todos os aniversários, as viagens e algumas fotos sem ocasião específica. Uma rápida folheada no álbum e tínhamos um bom e saudoso vislumbre daquele período da vida. Hoje não temos álbuns, mas temos, no celular, HD externo ou Google Photos, registros de todos os aniversários nossos e de nossos conhecidos, de todas as viagens, de todos os churrascos, almoços em famílias, casamentos e tudo o mais – quase a nossa vida inteira registrada. Coisa boa? Não sei até que ponto.

No computador, agrupo as fotos em pastas por ano e evento. Em cada pasta, média de mil fotos para viagens e mais de cem para eventos locais.

Confesso que nunca vi, por completo, todas as fotos de uma pasta. Tampouco alguém viu ou verá. E lá estão algumas joias da fotografia, verdadeiros cartões-postais, como uma de nossa viagem para Paris, por exemplo, com enquadramento perfeito, sorrisos bonitos e a torre ao fundo. Três outros registros chegaram à glória dos porta-retratos da sala enquanto a maioria permanece na solidão obscura das pastas do computador. Belas fotos perdidas em meio a milhares de outros registros.

Quem tem filho hoje em dia conhece melhor a compulsão moderna em tudo registrar. Começa com ensaio de gravidez, passando pelas centenas de foto da maternidade e milhares do primeiro ano de vida. Olho adiante e penso em minha filha querendo ver suas fotos de bebê, eu dando a ela um pen-drive e dizendo: "Filha, aí estão oito mil fotografias e dezenove horas de vídeos, divirta-se!".

Registramos tudo, mas não temos tempo ou paciência sequer para parar e olhar, reviver lembranças, lembrar de pessoas e ocasiões, como acontecia quando folheávamos um álbum de fotografias. O desafio se impõe aos novos tempos. Voltar a "revelar" fotos e montar álbuns? Não necessariamente.

Talvez o grande trabalho que temos é o de selecionar: escolher imagens representativas de períodos e assim compor um conjunto sintético de nossas memórias. Não me refiro à exposição seletiva e fingida em redes sociais. Falo de uma seleção para uso próprio, para valorizar lembranças boas e dar utilidade ao nosso extenso material registrado.

Um trabalho como de um editor de cinema, que recebe dez horas de gravação e tem de transformar tudo em um filme comercial de, no máximo, duas horas. Ou melhor, o trabalho como de alguém que faz o trailer de um filme, que seleciona melhores momentos, que corta, edita, e, em apenas alguns minutos, dá um vislumbre geral, emocionante e belo do que é o filme completo.

Não temos tempo para assistir ao filme completo de nossas vidas, até porque teríamos de ter outra vida para conseguir tal façanha, embora não nos falte material em fotos e vídeos para compor esse longa-metragem. Mas podemos assistir aos trailers.

Tenho uma amiga que é adepta dos álbuns impressos. Já eu prefiro os vídeos. A cada ano, faço uma pequena retrospectiva de fotos e vídeos, coisa de seis ou sete minutos, que mostra, como um trailer, os acontecimentos daquele ano.

Já estamos na sétima edição, e o filme das nossas vidas segue avançando. E sempre que o enredo se torna truncado, podemos parar um pouco e ver os melhores momentos de anos passados nesses pequenos trailers, cultivando memórias, revivendo situações, relembrando casos e dando boa utilidade ao nosso grande material registrado.

# A ilusão dos concursos públicos

A preferência pelos cargos públicos não é nova nem é novidade no Brasil. A inclinação aos braços do Estado já foi denunciada, por exemplo, por Sérgio Buarque de Holanda e Lima Barreto no início do século XX, portanto há mais de cem anos.

Duas coisas mudaram, no entanto, a partir de 1988. A nova Constituição estabeleceu a obrigatoriedade de concurso para o preenchimento de todos os cargos, bem como assegurou a estabilidade funcional aos servidores públicos. Deu-se um enorme passo moralizador, deixando-se para trás o nepotismo, o clientelismo e também o arbítrio, marcas de nossa história.

No entanto, as garantias jurídicas vieram a exercer outros impactos sociais. Hoje em dia, toda uma geração foi criada sob os auspícios dos editais e a rotina dos cursinhos. Aos poucos, a 8.112 fez mais do que garantir estabilidade e bons salários, ela moldou comportamentos e formas de enxergar o mundo.

Brasília, a capital da República e sede de todos os órgãos federais, tornou-se um viveiro de concurseiros. Os cursinhos viraram ponto de referência; os professores transformaram-se em heróis do sucesso; os coaches, em terapeutas. O êxito pessoal é medido pelo órgão de trabalho.

E é nessa atmosfera de constitucional e administrativo, de psicotécnico e cadastro de reserva, que se vende uma ilusão, uma promessa vã capaz de seduzir toda uma geração para uma armadilha perigosa: chegar ao topo é uma questão de horas de estudo e disciplina. Não é. Há também outros fatores, e o principal deles é a capacidade intelectual, mas pode-se acrescentar o controle emocional, a técnica para fazer as provas, o nível dos outros concorrentes, e, claro, o fator "sorte", de cair apenas o que se estudou.

Mas a democracia dos editais grita alto seduzindo estudantes de todos os matizes, falando que só depende deles, que se trata de uma luta contra si mesmo, que basta vencer todo o conteúdo que a vaga é garantida, que nada é impossível para quem se dedica. Mas a vida não é justa com a dedicação, e às vezes o máximo do esforço pessoal ainda fica aquém do necessário.

William Douglas e Granjeiro falam o que todos querem ouvir, mas não, nem todos irão passar no TCU, nem todos serão analistas judiciários, e não é questão de persistir e esperar a sua vez. A igualdade do acesso não torna os concursos públicos alheios à realidade da vida; eles são, como todas as outras coisas, mais complexos do que a lógica dos discursos motivacionais para encher cursinhos. Debaixo do sol, "os velozes nem sempre vencem a corrida; os fortes nem sempre triunfam na guerra; os sábios nem sempre têm comida; os prudentes nem sempre são ricos; os instruídos nem sempre têm prestígio; pois o tempo e o acaso afetam a todos".

O fato de que nem todos chegarão ao topo não significa a aceitação do fatalismo ou de uma restrição elitista. Mas se pensamento positivo e dedicação bastassem para o sucesso, as coisas seriam mais fáceis. E o resultado dessa promessa vendida vem em forma de frustração, descontentamento e até depressão.

Batalhar para melhorar de vida é louvável, o problema é quando essa batalha se torna uma luta incessante – e frustrante – para apanhar o vento. Ora, todos lidam com o conflito entre contentamento e acomodação – saber quando a boa aceitação de uma situação constitui um comodismo que impede de seguir em frente e quando constitui um modo feliz e agradecido de levar a vida. O que a geração dos concursos tem perdido é a capacidade de se contentar.

À medida que a aprovação para o cargo sonhado não vem, o cargo atual parece um fardo temporário que só será superado pelo estudo. O salário que se ganha pode até ser razoável, as pessoas do órgão podem até ser legais... mas como descansar se naquele outro órgão o vencimento é maior, como ser feliz se o acesso a um cargo melhor só depende de si? E nessa insaciedade concurseiros e concursados vão levando a vida, estudando, passando, tomando posse e olhando sempre adiante, como se avançar na vida fosse questão de galgar até o topo do funcionalismo.

E de repente, na rotina acelerada dos estudos, muitos se dão conta de que vincularam seu bem-estar e sua felicidade aos cargos públicos. Pior, a maioria nem se apercebe disso. Mas acontece. Passar num bom concurso vira panaceia para todos os males.

O indivíduo se desentende com o chefe, tem uma crise conjugal, se aperta nas finanças, se desaponta com a própria vida, e vai procurar o concurso público para resolver todos os seus problemas. Não se cogitam outras saídas: amadurecer profissionalmente, buscar a paz em casa, cortar gastos supérfluos, lidar de frente com o drama da existência. Qualquer alternativa fica em segundo plano. Mais uma vez, o grito sedutor dos editais fala mais alto, dando a entender que a felicidade está à distância de uma aprovação no cargo ideal.

E onde termina essa corrida desesperada? A nova geração ainda está encontrando seus limites. De técnico à analista, do Judiciário ao TCU, de lá até Consultor, e depois Prático ou Tabelião. No caminho, muitos casos de frustração dos que ficaram na base da hierarquia dos cargos, muitos casos de depressão dos que chegaram em cima e viram que ainda não era o bastante.

Concursos públicos foram uma conquista inegável, e constituem excelente oportunidade de trabalho. Mas distorcem valores e trajetórias pessoais quando a vida passa a ser medida pelos vencimentos, cronometrada de acordo com os editais e seduzida pela felicidade garantida da estabilidade. É o mal que tem acometido grande parte da geração 8.112.

# Conexão contínua

A Guerra Civil americana foi o primeiro grande conflito da era moderna, com o uso de novas peças de artilharia, avanço nos transportes e o número expressivo de mortes. Nessa nova forma de guerrear, o Norte tinha uma vantagem considerável: a utilização do telégrafo.

Lincoln conseguiu colocar a extensa linha telegráfica instalada ao longo de ferrovias à disposição da União, e insistiu na construção de novas linhas que ligassem o centro de comando aos campos de batalha. A comunicação passou a ser praticamente instantânea. Era o início da vida online.

O presidente passava horas em seu gabinete de guerra, chegando inclusive a dormir na pequena sala, obcecado com as notícias que chegavam pelo telégrafo. Lincoln recebia informações do front quase de hora em hora, dando ordens diretas a generais sobre como agir em cada batalha. Interferência que passou a incomodar alguns comandantes, contrariados com a intromissão de alguém que estava a quilômetros de distância, no conforto de seu gabinete.

Comunicação instantânea, vencendo barreiras geográficas, mas ao mesmo tempo a interferência invasiva, transformando a linha que conecta a um laço que prende – as vantagens e os inconvenientes da tecnologia. O comportamento de Lincoln e o desconforto dos generais antecipava um dos grandes dilemas da vida moderna.

Do telégrafo passamos ao telefone, ao email, ao celular. Recentemente, dentro do universo dessa nova era das comunicações, o WhatsApp veio representar outra grande revolução, trazendo os benefícios e o mal-estar da conexão contínua.

Engana-se quem acha que o WhatsApp é apenas uma versão gratuita e melhorada do SMS.

Com telefone, email e SMS, estávamos todos acessíveis. Poderíamos ser encontrados, poderíamos encontrar quem quiséssemos e estabelecer canais de diálogo. Mas eles tinham começo e fim. Alô e tchau. Havia uma formalidade mínima a ser cumprida, um protocolo que colocava início e demarcava o término de conversas.

O aplicativo verde trouxe a vida social para um estágio ininterrupto. Nunca desligamos, apenas fazemos uma pausa em conversas que serão posteriormente retomadas.

De positivo, a comunicação com os outros nesse novo canal se tornou mais fluida e fácil, sem o formalismo do telefone ou dos torpedos. Não custa dinheiro, todos utilizam, encontra o destinatário onde ele estiver, agiliza avisos importantes, intensifica a comunicação de pessoas com a mesma afinidade, a foto do perfil deixa mais simpático e pessoal. Bom para os tímidos, excelente para os loquazes, que transferiram para o WhatsApp o exercício da conversa fiada (bom dia, grupo!).

Ao pensar nos aspectos negativos do aplicativo, a resposta aparece imediata. Consumo de tempo de vida, polêmicas nos grupos da família, olhos presos à tela, compulsão para checar notificações, fake news, e por aí vai. Apagar os vídeos que o tio distante vive mandando, sair de polêmicas sobre política ou parto humanizado e observar as longas discussões entabuladas nos diversos grupos são rotinas incorporadas ao dia a dia, que nos consomem tempo e paciência e que não tínhamos cinco anos atrás. É o preço da modernidade; e a maioria parece aceitar e incorporar tais custos no cotidiano.

Mas uma das coisas que mais tem mudado a cara da comunicação nesse novo ambiente é a conexão contínua. Estabelecemos laços permanentes e fugazes com todos os nossos contatos. Criamos uma grande rede de conexões que levamos para todos os lugares.

Você, seu celular e suas conexões são o único ponto estável em um mundo em movimento, como disse Bauman. Os lugares mudam – fila de banco, praça de alimentação, jantar de família –, as pessoas mudam – desconhecidos indo e vindo, familiares, colegas de trabalho –, mas você permanece indiferente e seguro, buscando refúgio nas conexões virtuais a qualquer tempo.

O tio distante que manda vídeos sem parar, o amigo antigo no grupo da escola, o pessoal do trabalho, os familiares. Mesmo na solidão de casa, todos eles estão com você. Quando você está em um restaurante, num jantar a dois, todos os contatos, os seus e os dela, também sentam-se à mesa. Quando sai de férias e vai para a praia, todos vão junto.

A máxima de que o celular aproxima quem está distante e distancia quem está perto é verdadeira, mas parece haver algo mais profundo com o WhatsApp. A conexão contínua aguça o fenômeno da "copresença", estar próximo e distante ao mesmo tempo, colocando-nos em um estado de prontidão à vida dos outros, aos assuntos dos outros, às opiniões dos outros, ao mesmo tempo em que aprendemos a ignorar a realidade à nossa frente.

Porque não damos tchau, porque não encerramos as conversas, porque isso é impossível para o modelo de diálogo criado pelo WhatsApp, estamos condenados a ser enredados pelo cipoal desses laços de comunicação. Conversas arrastadas, que vão se prolongando sem pressa, intercalando assuntos, voltando a temas antigos, introduzindo novos. Não há fim.

Em cada notificação brilhando na tela do celular, há por trás um obcecado Lincoln, telegrafando a seus generais e interferindo na movimentação das tropas no front. Mas o objetivo do contato, no caso atual, não é a urgência da batalha, é apenas a divulgação de um novo meme ou o comentário sobre a banalidade do dia. E nossa movimentação, tal como a dos generais, sofre a ingerência de tantos Lincolns quantos contatos houver em nossa lista, ávidos por manterem a conexão contínua.

# Apocalipse cesariano

Na rua, carros passando e pessoas seguindo seus caminhos. Talvez uma imagem igual a de vinte anos atrás. Mas não se iluda com os ares de normalidade que pairam sobre esse ano de 2032.
Vejamos aquele rapaz que passa, por exemplo. Por volta dos vinte anos, porte atlético, calça jeans, tênis, fones nos ouvidos. Um universitário, talvez? Pode ser. À primeira vista, pode parecer se tratar de um sujeito normal, mas seus passos escondem um segredo execrável.
Ele nasceu de parto cesárea. Pior, sua mãe agendou a data do nascimento. Por isso cautela ao lidar com esse jovem. Quando foi retirado do ventre, quase como uma máquina, sua mãe estava debilitada pela cirurgia e não pôde dedicar-lhe atenção total, de sorte que (pasmem!) o pai do garoto teve de trocar as primeiras fraldas. Sem o esforço para nascer, sem criar forte vínculo com a mãe no momento do parto, sem o necessário afeto trocado entre mãe e filho, a troca de olhares linda e divina... tal degradação do ato de nascer fez-lhe um sub-representante da raça humana.
O princípio da psicopatia lateja nele prestes a se revelar. O que esperar de um homem que veio ao mundo de forma bruta e selvagem, sem amor, sem afeição, sem carinho? Ele pode até parecer normal, mas não é. O semblante amistoso, o sorriso simpático ou o jeito afável são apenas disfarces de que ele se vale para ocultar seu tenebroso passado e incerto futuro.
Já aquela mulher também passeia escondida pela multidão. Talvez ninguém note. Talvez ela consiga, por algum tempo, escamotear sua indignidade em meio à confusão

dos passantes. Mas basta olhar bem. Basta olhar e ver as argolas douradas adornando suas orelhas. Bonitas, convenhamos, mas dá para notar que os furos foram feitos há muitos anos. Sim, ela era um bebê e os pais já a marcaram com os furos da vaidade.

Olhamos então para sua pele e vemos aquela coloração típica, que anda a infectar a muitos como epidemia. A cor dos que foram desmamados antes dos dois anos. Quanta maldade das mães daquela geração que não deram aos seus filhos o precioso leite materno, o branco néctar da vida, até a idade recomendada pela OMS. Quão melhor esse mundo poderia ser!

Voltamos à mulher. As evidências do desmame precoce não são visíveis a olho nu – é preciso observar bem e romper o engano aparente de que ela é uma pessoa comum. Entretanto, quando olhamos os detalhes, vemos, pela sua postura, o acúmulo de doenças, gripes, resfriados e tudo o mais. Vemos certo fraquejar nas pernas, o que mostra não apenas um corpo inferior, como também um caráter volúvel. Além do que, trata-se de outra pessoa sem o apego necessário com a mãe, portanto outra delinquente em potencial.

Tempos estranhos. O mundo se tornou um lugar sombrio e perigoso. É preciso atentar bem no passo para não resvalar incautamente em algum desses monstros.

Antes de tudo, para viver seguro é preciso treinar bem os olhos e aprender a enxergar os detalhes; não se deixar enganar pela aparência de normalidade. Com a prática, no entanto, o exercício de olhar pessoas e pressentir vícios e perigos vai se tornando mais acurado. Somente assim, ao invés de passar os olhos pela rua movimentada e ver apenas pessoas normais cumprindo seus afazeres, pode-se enxergar além.

Além da servidora pública que passa conversando no celular, casada e mãe de duas lindas crianças, reside uma mulher detestável que cometeu o sacrilégio de não amamentar os filhos em público e já falou mal de doulas e parto humanizado – alma vil e perigosa.

Além do homem de terno que está sentado tomando um sorvete, há alguém criado à base de Galinha Pintadinha e Mundo Bita; alguém, portanto, alienado, subversivo e ameaçador. O vendedor daquela loja não é senão um tipo perverso que usou chupeta ainda na maternidade, e seguiu usando o artefato até os três anos e meio, e, apesar de ter os dentes aparentemente normais, sabe-se lá o efeito causado em seu cérebro.

Um mundo perigoso. Quase uma geração inteira perdida. Homens e mulheres não confiáveis, criminosos potenciais.

Mas há ainda esperança. Não desanimemos. Em meio a esse antro de maldade, ainda existem pessoas que nos deixam otimistas.

Aquela jovem de camisa vermelha, por exemplo. Nascida em casa, em uma grande banheira, não teve a orelha furada, mamou até os três anos e quatro meses, usou fralda de pano, nunca usou chupeta, dormia na cama dos pais, não tomava vacina nem remédio e se tratava só com homeopatia, nunca assistiu qualquer vídeo de Galinha Pintadinha ou Peppa Pig. Ao vê-la, bela e destemida, recobramos a vontade de viver, pois sabemos que ainda existem pessoas boas no mundo.

Sim, o mundo se tornou mais perigoso. Uma grande leva de pessoas perigosas andam disfarçadas pelas ruas, uns nascidos de cesárea, outros desmamados precocemente. Mas tomemos o exemplo dessa linda moça de vermelho e não desanimemos. Há esperança!

# Diário no mural da escola

Fomos eu e uns três amigos do colégio ao cinema. Vimos *O Show de Truman*, que conta a história de um programa televisivo baseado na vida de Truman Burbank. Desde o nascimento até a fase adulta, cada passo de Truman é filmado por milhares de câmeras escondidas, fazendo das coisas mais banais de sua vida um espetáculo assistido por milhões. O detalhe é que Truman não sabe disso – sua mulher, seus amigos, seu chefe, são todos atores que encenam papéis para o reality show.

Saímos do filme comentando sobre essa situação agoniante. Privar alguém de sua intimidade, expor toda sua vida sem escrúpulos, colocá-lo em um mundo de atores onde tudo é falso foram questões que nos espantaram.

Um dos amigos lembrou do caso do professor de matemática, um velho carrasco. Na semana anterior, ele havia surpreendido uma colega da sala fazendo anotações que nada tinham a ver com equações. Incomodado com a distração da aluna, o mestre pegou seu caderno, que funcionava como um diário, e começou a ler frases soltas para toda a turma. A menina chorou de constrangimento, coitada, e felizmente o professor foi severamente advertido pela direção da escola. Nos dois casos, do filme e da colega, a exposição cruel da intimidade alheia.

Pensei naquela menina, mas não consegui lembrar seu nome. Como será que ela estaria vivendo hoje em dia na era das redes sociais? A menina que rabiscava anotações pessoais no verso de um caderno se exporia friamente na rede?

O fato é que hoje a internet virou um grande diário coletivo. As pessoas literalmente publicam seus pensamentos e às vezes sua intimidade mais cara. Fotos de parto, por exemplo. Doulas e defensoras do parto humanizado que me perdoem, mas ver foto com sangue, com cordão umbilical e tudo o mais é no mínimo de mau gosto. São registros de um momento lindo, único, divino – mas para ficar guardado na intimidade da família. Intromissão em polêmica alheia também é exemplo de pensamento que deveria permanecer apenas pensamento, mas ganha voz indevida e inutilmente, mantendo acesa a fogueira das tretas.

Outro dia encontrei um daqueles velhos amigos do colégio com quem fui ver *O Show de Truman* vários anos atrás. Não comentamos sobre o filme, mas o encontro me fez lembrar do curioso personagem do cinema. Atualmente, quem diria, muitos invejam o papel de Truman. Por escolha voluntária, cada um cria o reality show da própria vida, encenando ao mundo a rotina de sua intimidade. Os Trumans que se expõem nas redes promovem a devassa voluntária do cotidiano, ávidos por toda sorte de curtidas, comentários, seguidores e views.

Se sua vida fosse um grande show público e todos a sua volta fossem atores desempenhando um papel específico, o que você faria? Mas já não é assim? – alguns podem muito bem argumentar.

Imagino a menina do diário transportada para o tempo presente, voltando do recreio brigada com alguma amiga, escrevendo suas impressões sobre o desentendimento no caderno, depois arrancando a folha e colando-a no mural da escola para todos verem. Sem constrangimento ou choro. Não que ela fosse indiferente a que conhecessem ou não seus pensamentos; pelo contrário, ela mesma desejava se exibir a todos e somente assim sentia arrefecer seu sentimento de solidão.

Em seguida, imagino ela terminando com o namorado, escrevendo novo pensamento no papel e colando novamente no mural da escola. Para cada vulto de pensamento, uma rabiscada no papel e a exposição pública à vista de todos. Isso além de fotos e vídeos e tudo o mais. Tudo no mural da escola, colocado intencionalmente pela menina do diário.

O professor de matemática, invasivo e antiquado, segundo achávamos, era na verdade um visionário que estava tentando antecipar tendência. Ao invés de ler frases escritas em diários de meninas, hoje o professor estaria lendo publicações no Facebook, todas públicas, sem nenhum problema, e a vida seguiria.

# Desorganizados

– Vai arrumar seu quarto, menino! Olha só, tudo bagunçado. Cama desarrumada, roupa usada no chão, esses papéis e livros tudo aí largados na escrivaninha...
– Tá bom, mãe, calma.
– Você tem que ser mais organizado, meu filho. Isso não diz respeito só ao seu quarto, não. Nossa vida tem que estar em ordem. Essa é uma virtude. Ordem, disciplina, ninguém sobrevive na bagunça.
E o menino foi, um pouco contrariado, arrumar o quarto. Dali um pouco a mãe voltou, animada com uma ligação que acabara de desligar.
– Filho, sua tia está vindo aqui nos visitar. Onde estão aquelas fotos da nossa viagem? Quero mostrar para ela, cada foto linda! Não estou achando no computador.
O menino era o perito em assuntos de informática da casa. Sentou-se ao computador da família e pôs-se a dar cliques e rolar o mouse, procurando onde estavam as fotos da viagem.
– Mãe, não estou achando não. Essa pasta "fotos" tá uma bagunça só. Tem fotos nossas mas também tem várias imagens de WhatsApp, tipo memes e correntes. Já falei para você desabilitar a função no celular. Tem milhares.
– Tá bom, depois eu faço isso, mas procura aí, tem que estar em algum lugar.
– Talvez as fotos estejam na nuvem. Entra aí.
– O problema é que não lembro a senha. Anotei num papel mas acho que a empregada jogou fora. E também acho que não está lá não. Tem que estar no computador, só pode estar lá, olha direito.

Após mais um tempo de procura e de cliques no mouse, o menino afirma:

– É, não achei não... Você tem certeza que passou as fotos para o computador, mãe?

– Acho que sim, mas, por via das dúvidas, vê se as fotos não estão na máquina, no celular, no pen-drive...

O menino vai olhar. A máquina digital não tem nenhuma foto na memória. O celular tem milhares de fotos, mas nenhuma da viagem. E o pen-drive tem um monte de arquivos soltos, sem ordem, e sem as fotos. A mãe, ordeira como sempre, incomoda-se com aquela bagunça virtual, e ordena:

– Apaga esses arquivos aí do pen-drive, menino, que bagunça! Já passei todos para o computador, temos que manter a vida em ordem.

O menino apagou. A campainha toca. É a tia que chegou toda animada, dando beijo no sobrinho. Conversa vai, conversa vem, ela pergunta para a irmã:

– E a viagem, como foi? Quero ver todas as fotos!

– Pois é, menina, viagem maravilhosa! Vou ficar te devendo as fotos porque a gente não achou ainda. Mas cada paisagem linda que só você vendo!

Nisso chega o pai do trabalho. Ofegante e atabalhoado. Vira para a mulher e fala:

– Hoje é o último dia para a declaração do imposto de renda e eu ainda não fiz. Separei os documentos e o arquivo da última declaração no pen-drive.

– No pen-drive?

– Isso, pega lá para mim.

A mãe e o filho trocam olhares. Ela se volta para o marido e diz:

– Pois é, amor, fizemos uma limpa nos arquivos do pen-drive. Apagamos tudo porque estava uma bagunça só, arquivos soltos e tudo mais. Mas você fez back-up né, amor!?

– O quê? Não! Que confusão, meu Deus! A partir de hoje a gente vai colocar tudo na nuvem e ninguém vai apagar nada. A propósito, alguém lembra a senha da nossa conta?

– A empregada jogou fora.

LOCAL: BRASÍLIA

# Qual setor?

– Cada um podia se apresentar para a gente conhecer melhor a turma.
Assim o professor iniciou a primeira aula de uma matéria na faculdade. Ele mesmo começou, para dar o exemplo, falando de seu currículo com ar orgulhoso ao mencionar os títulos. Nada demais, mas às vezes é bom para causar impressão nos alunos no começo da disciplina.
E é tudo uma questão de impressão. A turma ainda não é graduada, mas todos já são doutores em captar pulso firme ou a fraqueza dos mestres. Ao menor sinal de hesitação, o respeito pela autoridade do professor estaria perdido por todo o semestre.
– Bom, acho que cada um podia falar o nome, se trabalha, se já tem outra formação superior, qual o objetivo com este curso...
A chamada foi sendo percorrida lentamente em ordem alfabética. Alguns eram mecânicos e rápidos: "Fulano, só estudo, primeiro curso superior, quero ser tal coisa". Já outros se alongavam mais nas respostas, falando sobre a importância do teste psicotécnico realizado na sétima série ou sobre as incríveis ambições profissionais, essas ditas de forma airosa, como a arrancar suspiros de admiração da turma. Despertavam no máximo bocejos aqui e acolá.
Já estava lá pela letra "m", quando chegou a vez das Marias. Tinha umas três. Não me recordo qual delas agora, mas acho que era a Maria do Socorro. O professor leu o nome na chamada, e levantou a mão uma senhora no meio da turma.

Tadinha, tinha cara de perdida a Maria do Socorro. Sua feição tesa demonstrava vergonha de falar em público. Tudo o que ela queria era se livrar logo desse negócio de apresentação, por isso ela foi objetiva.

– Boa noite, sou Maria do Socorro, trabalho nos Correios e não tenho outro curso superior.

Para desespero da Maria, o professor se animou e buscou explorar a conversa:

– Que legal, minha mãe foi diretora nos Correios por muito tempo, eu inclusive já trabalhei lá também. E em qual setor você trabalha lá, Maria?

– Não, não tenho curso superior.

– Não, eu perguntei em qual setor você trabalha...

– Trabalho nos Correios.

– Sim, mas qual setor você trabalha *nos Correios*?

– Setor Comercial Sul.

O professor seguiu com a chamada:

– Natália.

# Setor Hospitalar Sul

Essa organização compartimentada de Brasília, um setor para cada coisa, às vezes cria situações insólitas. O Setor Hospitalar Sul, por exemplo, fica ao lado do Cemitério Campo da Esperança. Triste coincidência. Mas poderia ser expressão da funcionalidade modernista de Lúcio Costa.

Por um lado, há um ganho de eficiência ao se concentrarem em um mesmo local empresas de uma mesma indústria; no caso, a indústria da doença e da morte com seus hospitais, clínicas e laboratórios. O paciente sai de uma consulta, pode tirar sangue ou fazer uma radiografia ali ao lado, passando depois em uma farmácia próxima. De outro lado, a exposição crua de diversos estabelecimentos de saúde faz a vida parecer um objeto frágil, como um carro procurando pela melhor oficina. E a proximidade com o cemitério é um indicativo de que a próxima parada do veículo humano é logo ali em frente.

Difícil achar qualquer morador do Plano que já não tenha ido muitas vezes ao Setor Hospitalar Sul, seja para prestar solidariedade a parentes internados, comparecer a consultas, fazer exames ou visitar bebês que acabaram de chegar ao mundo.

Em uma tarde de sexta-feira, lá fui ao Setor para um exame da minha filha. Era no terceiro andar de algum daqueles prédios. Estávamos esperando a médica, por sinal muito atrasada. Fui andar pelo corredor para distrair e tomar fôlego para o tempo de espera que ainda restava.

A vista passou panorâmica pelo belo fim de tarde, o sol radiante, nuvens rosas e douradas, o templo da LBV e a cerca viva do cemitério ali ao lado. Depois de uma contemplação silenciosa da natureza, a visão pousou embaixo, na concretude dos problemas humanos, a ver quem entrava e saía do edifício. Um homem entrando, outros saindo, alguns apressados, alguns uniformizados.

Na indistinção do fluxo humano, repentinamente uma figura despertou a atenção e trouxe-me de volta a consciência, fazendo com que o passar de olhos descompromissado se transformasse em observação concentrada. Em meio àquele entra e sai de pessoas no edifício, uma mulher, visivelmente emocionada, ajoelhou-se ali no meio e estendeu as mãos para o céu.

A cena prendeu meus olhos, e passei a compartilhar de longe aquela emoção. A mulher carregava um envelope grande, possivelmente com o resultado de um exame importante. Talvez fosse a confirmação de um câncer ou alguma doença fatal. Conforme seus braços moviam-se em uma prece solitária, e as lágrimas escorriam de seu rosto, o envelope foi largado ao chão, abandonado. O que haveria naquele laudo? Provavelmente o anúncio inequívoco de que a morte batia à porta.

A alma em desespero derramava-se sem constrangimentos diante da fragilidade da vida. Enquanto a mulher estava prostrada no canto da escada que dava acesso ao edifício, o mundo seguia sem compaixão, sem que ninguém que entrava ou saía do prédio notasse seu sofrimento. Mas eu via tudo ali da janela, e cheguei a sentir a dor pungente que afligia aquela mulher.

Conforme aqueles instantes paralisados no tempo avançavam lentamente para mim, dei-me conta que as lágrimas poderiam ter outra razão. Quem sabe os joelhos no chão indicassem não desespero, mas agradecimento? Quem sabe as mãos estendidas ao céu anunciassem não a iminência da morte, mas o prolongamento da vida? Quem sabe aquele envelope carregasse não letras mortíferas, mas boas notícias? Nessa reviravolta de emoções e pensamentos, imaginei mesmo ter vislumbrado um pequeno sorriso nascendo no rosto da mulher.

Passado o êxtase do momento, a mulher se levantou, recolheu o envelope e sumiu. Nunca soube o motivo daqueles joelhos dobrados e daquelas mãos estendidas. Afinal, de longe é impossível discernir as lágrimas que lavam a alma em dor das que fazem transbordar os rios do coração em alegria.

Depois daquela mulher, passei a observar melhor todos que passavam lá embaixo. Cada qual levava consigo sua própria história e sua própria saúde. Uns voltando de exames de rotina. Outros procurando a cura para doenças e dores. Muitos felizes com a boa saúde, muitos desanimados com a falta dela.

Um dia, entretanto, todos estarão reunidos ali, na extensão lógica e biológica do Setor Hospitalar Sul, o cemitério. Talvez alguns vivam menos, outros tenham muitos anos saudáveis, mas, inevitavelmente, a morte um dia recolherá a todos e dará fim ao périplo da busca por saúde. Nem todos os hospitais reunidos num mesmo setor poderão salvar a vida humana da morte.

# Brasília ou Santorini

Dizem que o pôr do sol em Santorini, ilha grega, é o mais bonito do mundo. Duvidei um pouco. Moro em Brasília. Nasci em Brasília – a cidade horizontal, onde todos os lados revelam um horizonte aberto, uma imensidão de beleza. Um pouco ultrajado em meu orgulho candango, tive de conferir a fama e julgar sua procedência.

Na Grécia azul e branca, sob o brilho forte do mar Egeu, emerge uma pequena ilha vulcânica em forma de meia lua. É Santorini. As montanhas altas ladeando a costa dão o aspecto de paisagem épica. Vários pontinhos brancos brilham incrustados na dura rocha, como diamantes em uma mina. São as vilas, cheias de casas todas branquinhas. O cenário é deslumbrante.

Do porto até o hotel, a subida dá a impressão de que se chegou ao centro do mundo antigo. Um ponto de terra no meio do mar, na fronteira entre o oriente e o ocidente, num tempo entre a mitologia e a modernidade. Tal é a sensação de respirar aquele ar oceânico, como que ouvindo ecos da filosofia dos séculos.

Então começa o espetáculo. Abaixo, toda a imensidão do oceano; à frente, toda a imensidão do céu, e o sol começa sua descida lentamente com o intento de beijar as águas. O sopro da brisa abafa os ruídos desnecessários, e embala a suave melodia que é o som do mar. Tudo para nesse instante. O mundo pulsa no ritmo do astro que se despede da humanidade num drama diário.

Há duas coisas em Santorini que em Brasília não temos. A primeira é o mar. O mar que fragmenta a luz e a faz brilhar como milhões de pequenos espelhos do firmamento. Lá em Santorini, o rastro laranja que o sol colore nas águas, desde o horizonte, cria uma aura de beleza rara.

A segunda coisa são as estações. Fui à ilha grega na primavera, período em que a escuridão chega depois das nove horas. Contudo, o que se destaca não é o atraso da noite, mas o fato de que lá o pôr do sol deixa de ser uma fugacidade no tempo para virar um processo de longa descida, durando quase três horas. O fulgor natural do fenômeno diário se estende por longos momentos, lembrando mais ainda a eternidade.

O pôr do sol em Santorini é, nessa vasta terra que Deus nos deu, um relance mais nítido da beleza. Sem dúvida, é um dos mais bonitos do mundo. Mas não posso afirmar que é o mais. Sinceramente, Brasília, mesmo sem mar ou estações definidas, ainda remanesce como concorrente ao título.

A ausência das águas e do reflexo cintilante da luz é compensada aqui pela grandeza do céu que brilha sobre nós. Em Brasília, a abóbada celeste aumenta seu raio, aumentando assim em glória. Há mais espaço, há mais liberdade. O balé das nuvens brasilienses, desimpedidas, cria um clima festivo, descontraído, sem deixar de tributar ao momento o efeito de apoteose. A explosão de cores e nuvens e horizontes, rosas, laranjas, brancos e em todos os tons de azul somam beleza ao nosso pôr do sol.

Não temos altas montanhas, titãs da natureza que engrandecem o entardecer, tornando-o solene. Aqui a paisagem é dominada pelas linhas – reta do horizonte e curvas de nossa arquitetura. E é nessa amplitude horizontal que o belo se torna encantador, pungente, sublime. A vastidão do céu lembrando o infinito. Brasília tem um pôr do sol belíssimo, e continua no páreo.

Mas de todos os elementos do belo que compõem o pôr do sol de Brasília, há um que é mais especial. Nosso espetáculo natural é democrático, embora tenham sido os gregos os inventores da democracia.

A grande atração do poente de Brasília está franqueada a todos, de todos os níveis, em todos os lugares. Em Santorini, pouquíssimos gregos e turistas se aglomeram para contemplar o ocaso. Aqui, seja em Sobradinho ou na Asa Sul, no trânsito ou em casa, à beira do lago ou na janela do trabalho, temos todos livre acesso a essa obra de grandeza.

Quem nasce em Brasília tem um padrão alto para pôr do sol. Creio que em breve nossa fama se estenderá, e falarão que o pôr do sol de Brasília é o mais bonito do mundo, título até melhor que ser patrimônio cultural da humanidade. Turistas de todos os lugares virão aqui conferir nossa fama, avaliar sua procedência, e nós, orgulhosos, poderemos olhar para cima todos os dias e confirmar a veracidade desse título.

# Orgulho pedestre

Entre as tantas formas de manifestação do orgulho, uma das mais arriscadas é o orgulho pedestre. Já me referi outra vez ao orgulho baixo, forma um tanto curiosa do vício capital, que mexe positivamente com o brio da pessoa por alguma qualidade ruim. Nesse caso, porém, não há risco evidente de morte, enquanto que no orgulho pedestre sim.

Trata-se o orgulho pedestre da firme disposição, ao atravessar a rua, de não se valer da corridinha ou ao menos do passo apertado. O pedestre vê o carro, calcula distância e velocidade, e em sua matemática da vida assegura-se que é possível atravessar a rua tranquilamente, andando – talvez assoviando – e olhando confiantemente para frente.

O farol alto dos carros, eventuais buzinadas, até mesmo gritos, elementos que indicariam a aproximação do automóvel de forma mais veloz do que o calculado, não são capazes de demover o pedestre de sua firme resolução. Brincando com a morte por atropelamento, ele não se assusta nem se precipita a correr, porquanto em sua cabeça o cálculo da andada simples garantirá a travessia da rua sem sobressaltos, e portanto assim ele deve seguir.

As pessoas na rua estão olhando. A parada de ônibus está cheia de observadores atentos. Os lojistas observam das fachadas. Os pedintes de sinal também param para analisar a travessia. A moça já está no meio da rua, mas o carro vem veloz. Será que ela vai correr? Será que irá capitular?

Claro que não. Correr é sinal de humilhação para o pedestre contaminado pelo orgulho. O que os outros pensarão quando constatarem que ela não consegue manter o andar constante e gracioso ao atravessar uma simples rua? O que pensarão os outros ao verem que ela tem de vencer correndo os últimos três metros para chegar a salvo no outro lado? Se correr, certamente não será considerada digna de pisar o chão daquela cidade.

É por isso que tantos se arriscam nas ruas da vida, preferindo sentir nas costas o vento zunindo dos carros que passam apressados do que sofrer a dura humilhação de apertar o passo ou – horror dos horrores! – correr para concluir a travessia.

Também já sofri desse mal. Olhava para um lado, para o outro – como minha mãe me ensinou – e então me lançava orgulhosamente na travessia da rua, um desafio diário que eu vencia facilmente, olhos adiante e andar contínuo.

Desde cedo aprendi a refinada técnica de parar no meio, bastante comum nas comerciais de Brasília. Via de mão dupla, você avança até o meio, para na linha amarela, espera o carro que vem na outra mão passar, e então conclui a travessia, senhor absoluto do tráfego da cidade. Quem utiliza a técnica de parar no meio é provavelmente vítima do orgulho pedestre, e arrisca a vida apenas para não dar o braço a torcer, que, no caso, é não se deixar correr.

Talvez tenha sido a passagem dos vinte anos ou, confesso, o fato de me locomover mais de carro do que a pé. Mas posso dizer que fui curado do orgulho pedestre, e que nesse quesito sou até humilde. Agora meus pés estão sempre atentos, e quando percebo a aproximação acelerada dos veículos, não me furto a correr.

Ainda que o pessoal da parada de ônibus me olhe feio ou que os outros pedestres me vejam como um perdedor. Admito humildemente: calculei mal a travessia, a rua era mais extensa do que eu pensava, o carro vem mais veloz, e não coloco minha vida em jogo para provar que sou um exímio atravessador de rua. Correrei sempre.

# Tomar um banho de multidão

Tomar um banho de multidão – conselho antigo do moderno Baudelaire.

Distante do provincianismo interiorano, o francês torna-se mais um desconhecido a vagar pela multidão de rostos solitários das cidades grandes. Para não se afogar na desolação de sua individualidade, o poeta incita os modernos a uma overdose de contato humano, mesmo que fugidio, mesmo que o contato se dê no fluxo indistinto dos andantes de uma rua, mesmo que seja uma efêmera troca de olhares. É preciso sair pelas ruas, "tomar um banho de multidão", andar a ermo e "desposar as massas".

Sexta-feira de manhã. A rodoviária do Plano Piloto ecoa músicas de Roberto Carlos. A multidão de tipos humanos vai passando como as águas de um rio, pronto para lavar olhares atentos dos que se dispõem a tomar um banho dela. Lúcio Costa imaginava a rodoviária como um lugar requintado e cosmopolita; anos depois, viu que o local havia sido ocupado, como uma Bastilha, por uma miscelânea de brasileiros verdadeiros e comuns, que faziam da rodoviária sua segunda casa. Nesse caso, confessou o urbanista, a realidade foi maior que o sonho.

A rodoviária é uma ilha de Brasil real encrustada no centro da ilha da fantasia brasiliense. Todos os dias, um desfile interminável de gente. Quem senta e observa trava com cada transeunte apenas um olhar, e depois nunca mais – aquele encontro de existências foi breve e talvez tenha sido o último. Mas foi um banho de humanidade.

Só se sabe que são homens e mulheres. Tudo o mais é um grande mistério. De onde vem, para onde vão (aquela fila está tomando o ônibus para o SAAN), quais os nomes, os desejos, as aflições. Nada. Só mesmo um exercício de imaginação para tentar divisar tipos humanos.

Aquele ali, com a cara cansada e os olhos arregalados, com uma mochila nas costas e nada nas mãos, olhando perdido no meio do pátio, talvez seja um viajante que acabou de chegar na capital para tentar a sorte. Quem sabe não seria João de Santo Cristo?

Aquela senhora descendo as escadas rolantes é provavelmente uma aposentada que vai ao Na Hora resolver pendências com o INSS. Acho que se chama Rosa e mora em Santa Maria. Difícil descobrir quem são os que ficam parados em frente às lojas tomando um pingado como se tivessem todo o tempo do mundo. Podem ser desocupados ou desempregados, ou lojistas do Conjunto Nacional que fazem uma horinha ali na rodoviária.

Tem o menino engomado que passou correndo, temendo perder o ônibus e chegar atrasado na entrevista de emprego. Tem a mãe que carrega a filha no colo com a cara de quem não dormiu à noite e a preocupação de quem terá de enfrentar uma longa fila de hospital. Tem a família que mora no Plano a vida toda e foi à rodoviária pela primeira vez só para pegar o passaporte e poder viajar para a Disney no mês seguinte.

E tem, por fim, o tipo humano mais frequente naquele fluir de vidas, o único que é certo e que é discernível de longe. É o trabalhador comum, o trabalhador do dia a dia, que passa apressado em sua labuta diária.

Alguns já vêm de crachá, alguns vestem uniformes. Poucos vêm de terno, poucos vêm com amigos, a maioria passa sozinha, talvez concentrada no transporte, talvez só mesmo alheia ao resto dos homens, talvez enfatuada de mais um dia. Muitos vêm com fones nos ouvidos, muitos em conversas nos celulares. As fisionomias distintas, os ânimos distintos, as histórias de vida diferentes, mas a mesma necessidade de seguir em movimento para viver.

    Um, dois, sete passos, um rápido contato visual e pronto, é mais um trabalhador a sumir na massa de trabalhadores que tomam a rodoviária. Dez, vinte minutos, meia hora, e o rio agora é outro, mas ele continua a fluir todos os dias, com águas cheias de humanidade.

# Conjunto

Se fazer fosse tão fácil como saber o que é melhor fazer, disse Shakespeare, os casebres dos pobres seriam palácios de príncipes. Atualmente, essa constatação poderia ser expressa por um meme contrapondo expectativa e realidade. Seja na eloquência shakespeariana ou na objetividade moderna, o fato é que uma grande distância separa a intenção da execução. Entre o projeto tornado concreto e o fracasso, a desistência ou o arremedo, há uma trilha sinuosa apinhada dos mais variados obstáculos, como capacidade, recursos, talento e até sorte.

De certa forma, cada objeto ou obra traz consigo aquilo que poderia ter sido segundo o projeto inicial, como a sombra platônica apontando sempre para a perfeição das formas.

Nesse sentido, as nossas cidades estão todas na caverna, conforme a alegoria. A paisagem urbana é uma coleção de avenidas, esquinas e bairros que fugiram à intenção inicial. Quando se trata de uma cidade planejada, como a capital da república, potencializa-se esse sentimento de que a execução não corresponde ao projeto.

De todas as fantasias imaginadas para Brasília, há uma que se sobressai pela grandiosidade da intenção. Poderíamos ter, aqui em Brasília, nossa Times Square. Estava no plano original. Lúcio Costa assim descreve seu projeto para a plataforma rodoviária:

> Nesta plataforma onde, como se via anteriormente, o tráfego é apenas local, situou-se então o centro de diversões de cidade (mistura em termos adequados de Piccadilly Circus, Times Square e Champs Elysées)

Mistura de Piccadilly Circus, Times Square e Champs Elysées! Uau! Uma mistura digna da utopia modernista de então. Mas, sonhando junto com nosso urbanista, fazer um quarteirão iluminado, agitado, circundado por teatros e lojas – como a confluência da Broadway com a Sétima Avenida – talvez fosse até possível.

Vejamos o que temos em nossa plataforma rodoviária e o que nos falta para cumprir o intento de nosso idealizador.

A agitação e o movimento já existem. O tráfego humano entre o Conjunto Nacional e o Conic é a maior aglomeração de pessoas em uma capital habitada por carros. Não à toa, é o local preferido para entrevistas. Quem passa por aquela "alameda das entrevistas", para não ficar feio na televisão, é conveniente que já vá ensaiando a resposta sobre o desempenho do novo técnico da seleção, sobre como a situação da economia tem afetado o cotidiano, ou sobre o que vestir agora que chegou o frio na cidade.

O comércio vibrante e os teatros também estão, de certa forma, presentes em nossa plataforma. Ali na frente encontra-se o vistoso Teatro Nacional, o que confere ao local um ar cultural. Não se compara aos diversos espetáculos em cartaz na Broadway, mas também não devemos perder de vista a diferença entre uma metrópole mundial como Nova York e nossa jovem capital. A veia comercial, essa sim, pulsa com a grande variedade de lojas no Conjunto Nacional e também com o comércio bastante vivo na rodoviária e no Conic.

Faltam-nos, claro, arranha-céus, bolsa de valores, bancos e escritórios de empresas multinacionais. Mas isso é o de menos, porque o propósito não é construir réplica, mas reproduzir princípios considerando nossas particularidades locais.

Nessa ótica, o que mais contribui para afastar a realidade do plano original, para aumentar a distância entre intenção e execução, é a falta que noz faz, aqui em nossa plataforma, a beleza do neon, a magia das luzes e o espetáculo das cores.

Pense bem e imagine o Conjunto Nacional aparelhado com imensos painéis de LED, telões, cada qual veiculando algum vídeo, alguma propaganda, alguma mensagem, mas todos eles brilhando e encantando os transeuntes, tornando-se a marca colorida de uma capital conhecida pela seca e pela carência de vida. Luzes saindo não da verticalidade sufocante de arranha-céus, mas da horizontalidade típica de Brasília, fundindo-se ao horizonte.

Imagine Brasília entrando no circuito restrito das grandes metrópoles mundiais apenas por ostentar uma Times Square candanga. Filme de Hollywood: um meteoro vai colidir com a Terra e alguma espaçonave carrega a esperança de destruir o corpo celeste. As cenas mostram um mundo apreensivo: milhares se reúnem na Times Square, em Nova York; milhares na Picadilly Circus, em Londres; os japoneses no Shibuya Center, em Tóquio; e os brasileiros se aglomeram em frente ao Conjunto Nacional, em Brasília, para acompanhar o desfecho da trama.

O sonho pode ter ido longe demais, como o devaneio de Lúcio Costa, mas não custa nada imaginar. O que não se pode admitir é o retrocesso.

Até os anos 1990, era o neon a marca do Conjunto. Quem não se admirava do grande frasco de perfume do Boticário, enchendo paulatinamente cada linha com aquela luz amarela? Hoje o neon foi substituído por banners grandes e sem graça. Mera publicidade barata, sem vida, que não contribui para trazer beleza ao ambiente. Distanciamo-nos ainda mais do projeto original.

Deixo o apelo em nome do engrandecimento de nossa cidade, e, por conseguinte, de nosso país. Tudo bem, encher o Conjunto com telões de uma ponta a outra pode ser demasiado custoso. Mas, quem sabe, cinco telões verticais, lado a lado, talvez no centro do edifício, onde há uma praça suja e pouco frequentada.

Jogos de Copa do Mundo ou outros assuntos de relevância nacional poderiam ser transmitidos ao vivo nos telões, os quais, em dias normais, passariam cada qual seus anúncios e propagandas. Mais importante, Brasília teria o espetáculo permanente das cores, das imagens e do movimento, dia e noite.

A Times Square brasiliense! Apresentei uma ideia de como fazer, só falta mesmo fazer.

## Os imortais da 313

Quem joga bola sabe. Quando a partida está esfriando, não tem mais ninguém de próxima, o cansaço bate e já tem um pessoal ameaçando ir embora, bastam duas palavras para animar tudo: vamos apostar.

De repente os times se armam novamente. Um novo vigor invade o corpo, a objetividade volta aos pés e o gol, e não mais os dribles, volta a ser o objetivo principal da partida. Quem perder paga uma bebida para os vencedores. Ou, se o futebol acontece num daqueles campos alugados, quem perder paga todo o aluguel.

Mas tem também o jogo apostado desde o início. Os dois times adversários já estão formados, e combinam de jogar em um lugar com uma determinada aposta. Nesses casos, a rivalidade e a garra vão pelo jogo todo.

Já participei de várias peladas apostadas desde o início. Uma vez um primo me ligou e perguntou se eu podia jogar naquele dia. Era um "jogo contra" um time de um amigo dele, e, segundo ele informou, sem apostas. Claro que topo. Fomos ligando e montando o time. Não conseguimos muita gente. Não ia ter nenhum reserva, e teríamos que nos virar todo o tempo da partida. Haja fôlego.

Chegamos ao campo combinado. Era a quadra de futsal da 313 norte. E aí o meu primo abriu o jogo:

– Galera, eu combinei uma partida apostada com eles, sessenta reais para quem perder.

Inconsequente! Como aposta desse jeito sem comunicar os outros? Ainda mais que a gente não tinha nenhum reserva. Era apostar para perder. E sessenta reais naquela época era uma fortuna, especialmente para jovens universitários.

O time adversário já ia se aglomerando na quadra com um plantel bastante grande. Como fazer para neutralizar um adversário com superioridade numérica?

Os gregos se viram com esse dilema quando o exército persa marchava em sua direção. Além de seguirem com centenas de milhares de soldados, os persas contavam com um esquadrão de infantaria de elite, integrado por dez mil homens bem treinados, que eram substituídos imediatamente em caso de morte, sendo por isso conhecidos como "imortais". Durante a batalha, o número dos soldados permanecia inalterado, dando a impressão de não sofrer perdas.

Para lidar com essa grande ameaça, os gregos utilizaram como tática levar a partida – digo, a guerra – para um lugar onde o grande número do exército inimigo não fizesse tanta diferença. Bloquearam o desfiladeiro das Termópilas, uma estreita faixa de terra entre as montanhas e o mar, o que inviabilizaria a utilização da cavalaria inimiga e não permitiria que os persas os atacassem pelos flancos.

A batalha das Termópilas seguiu por três longos dias, com vantagem inicial para os gregos, que lutavam melhor. O fim da história já foi contado pelo Gerard Butler.

Mas e a nossa aposta? Não era possível adotar tática semelhante. O campo de batalha era aquela quadra de futsal. O que fazer para lidar com um adversário com superioridade numérica? Eis que meu primo tenta nos tranquilizar:

– Relaxa, galera, o time deles só tem fumante, eles vão cansar rapidinho...

Aquela informação insuflou-nos de confiança. Poderíamos estar em desvantagem numérica, mas tínhamos maior preparo físico e talvez melhor qualidade de bola, já que um time formado por fumantes (de tabaco e outras ervas naquela quadra!) tinha qualidade discutível. Sentimo-nos como os soldados gregos, compactos, em formação de falange, prontos para derrotar o adversário.

A partida começou, todos jogando com raça. Jogo nervoso e disputado como semifinal de Libertadores. Saímos na frente. Após uns quinze minutos nosso fôlego já não era o mesmo. Vinte minutos, e nosso cansaço começou a pesar no placar. Eles empataram.

Surpreendentemente, o time de fumantes não cansava. Pareciam todos em plena forma física, acompanhando a marcação, correndo até a linha de fundo. Foi quando olhamos bem, e nos demos conta de que o time deles era formado por fumantes, sim, mas uns trinta fumantes! A 313 toda estava lá jogando, se revezando, substituindo os companheiros cansados.

A impressão é que jogávamos com um time novo a cada cinco minutos. Eram como os imortais do exército persa, a mesma quantidade de jogadores em quadra, mas rostos novos a todo momento, com um novo vigor que fazia a diferença.

Jogamos heroicamente, mas fomos vencidos pela limitação física. No final da partida, ninguém aguentava mais acompanhar os adversários ou voltar para marcar, e aí tomamos mais gols. Perdemos.

Tivemos de honrar a aposta: sessenta reais para o time vencedor, o time dos fumantes que não cansavam, os imortais da 313.

# W3 Sul

Há situações na vida que mais parecem tragédia grega, como se fosse tudo inexorável, como se até mesmo o curso natural dos acontecimentos desse a volta e seguisse em marcha ré, apenas para cumprir o que foi determinado.

"Cuidado com os idos de março". César ouviu o augúrio mas ignorou o perigo, encaminhando-se para o senado no dia 15 de março. O curso natural dos acontecimentos indicava que ele, general aclamado, ditador e pontífice máximo, fosse coroado rei; mas o destino veio na contramão e atropelou seus propósitos. César, ao contrário, foi apunhalado vinte e três vezes pelos senadores.

"Evitem contratempos". Séculos depois, esse foi o vaticínio do nosso professor de inglês. A turma ia fazer um teste de proficiência na língua anglo-saxã naquela semana. Haveria provas de manhã e à tarde. O tempo do almoço era curto, daí a advertência do professor: "não saiam de carro nem almocem em lugares distantes, lá perto tem vários restaurantes e dá para ir a pé, evitem contratempos". Todos aquiesceram com o conselho, balançando positivamente a cabeça em sinal de concórdia.

Chegou o dia do teste. Venci uma manhã inteira de provas. Saí da sala e aos poucos fui encontrando o pessoal da turma. A junção espontânea de todos fez o encontro parecer confraternização, e logo alguém se empolgou e sugeriu: "vamos almoçar naquele restaurante". (O lugar era longe, e, claro, demandaria o transporte por carro). Mesmo assim, houve rápida unanimidade: vamos! Ninguém se lembrou ou deu importância para o conselho do professor. Cuidado com os idos de março. Evitem contratempos.

Como tinha carro, fui um dos motoristas a levar uns quatro em meu auto até o restaurante combinado. Seguimos pela W3 Sul. Era por volta de meio-dia, e a pista estava bastante agitada.

Confesso que ainda hoje não entendi a lógica da avenida no que diz respeito aos cruzamentos para quem vem das 700 ou 500. Sou da Asa Norte, e lá o percurso para descer ou subir a via parece ser bem mais lógico. Além do que, aquele estacionamento no meio das duas vias da W3 Sul ainda me causa estranheza.

Não obstante, admiro a alameda arborizada que cobre a avenida de cima a baixo, e principalmente a urbanização mais organizada das 700. E, mesmo apressado, dá para sentir o ar de glória e a força de tradição que pairam sobre a W3 Sul, como uma velha matrona romana, outrora bela e poderosa, agora deteriorada pelo tempo, mas ainda mantendo a elegância e o grande apreço nos círculos da cidade. Afinal, por muito tempo a W3 Sul foi a senhora absoluta de Brasília.

Dizem que a avenida surgiu por acaso, que a ideia original era fazer as lojas viradas para a W2 e para as quadras residenciais das 300. Mas, por erro, a fachada da primeira loja ficou no lado inverso, e assim surgiu a W3. O sucesso veio nos anos seguintes com comércio vibrante, gastronomia, calçadas amplas, marquises longas para proteger do sol ou da chuva e, o principal, movimento.

Hoje o glamour e o reinado da avenida feneceram. Decadência do comércio, pichações e trânsito intenso são alguns dos elementos que prejudicaram a W3 Sul, mas o mais relevante, é claro, foi a diáspora de seus frequentadores, que se abrigam agora em shoppings ou em outros lugares fechados. Paira, todavia, um ar de respeito e tradição dessa matrona candanga.

E se o valor social diminuiu nas últimas décadas, a importância viária da W3 Sul ainda permanece. Carros indo e vindo. Trânsito intenso. Tráfego inexorável. Quase uma imagem do fluxo natural dos acontecimentos, seguindo sempre em frente, sem jamais voltar.

Mas fechando parêntesis e voltando ao carro. Era meio-dia, a avenida estava cheia, e eu seguia apressado para almoçar com o pessoal do inglês no restaurante combinado, tendo de voltar a tempo para as provas da tarde. Seguia na faixa mais à esquerda, quando o carro da minha frente subitamente parou. Consegui frear e evitar uma batida em cheio.

Olhei adiante e vi que se tratava de uma senhora. Teria o carro pifado? Aparentemente não. Os segundos passavam nessa indefinição, a senhora parada e eu atrás, sem conseguir pegar a faixa do meio pela intensidade do trânsito. Então a luz de ré se acendeu. Será possível? Sim. Ela engatou a ré, ali, na W3 Sul, ao meio-dia. Buzinei, mas não foi suficiente para evitar a batida. Saí do carro e a senhora já veio se desculpando, meio atordoada, dizendo que tinha passado a entrada e que queria estacionar ali no meio. Ao invés do retorno logo adiante, ela preferiu parar o carro no meio da avenida e engatar a ré para voltar.

"Evitem contratempos". Descumprimos a orientação do mestre, e perdemos minutos preciosos naquela situação desagradável com para-choque amassado. Anotei placa e telefone e segui chateado e apressado para o restaurante.

Almocei rapidamente, pouco confraternizei com meus colegas e já voltei correndo para o local do teste. Felizmente, cheguei a tempo para fazer as provas da tarde, embora um pouco afoito, cansado e desconcentrado.

O vaticínio do professor pareceu mesmo um augúrio. Nem mesmo a cautela e a prudência na hora de dirigir me pouparam do contratempo, já que, quando é para ser, acontece, mesmo que para isso alguém tenha que dar ré na W3 Sul. Parece tragédia grega, mas no fim é só outro episódio calculado dentro da grande teia da providência divina.

# Janeiro em Brasília

Dezembro traz uma migração do movimento: as férias das escolas e universidades aliviam um pouco o trânsito, mas então é a vez das lojas, dos shoppings e dos mercados encherem-se. Brasília fervilha, como toda cidade grande, ardendo de expectativa para as festas. O natal chega em meio a essa correria de presentes de última hora e de passada rápida no mercado para comprar o que faltou para a ceia. É a festa da família, dos encontros de parentes perdidos na pressa do ano. Alguns já viajaram, é verdade, mas a maioria comparece.

A semana que se segue até o ano-novo é como se a cidade estivesse se desvanecendo em meio às chuvas repentinas e o calor do verão. Um fraquejamento palpitante no ar sinaliza que algo há que não é normal. "Passar o réveillon em Brasília? Que tédio...". As redes sociais dão um vislumbre do mundo pelas fotos dos amigos: Rio de Janeiro, Nordeste, Orlando, Nova York, Florianópolis. Queima de fogos na Esplanada? Réveillon na prainha? Virada em algum clube ou restaurante? Casa de amigos? Opções viáveis, mas nem um pouco empolgantes.

E então chega janeiro. O que se mostrava parcialmente no ano-novo revela-se assustador conforme avança o novo ano. A cidade está de fato vazia. Pelas ruas, apenas os ecos de clichês antigos: "o último que sair apaga a luz", "diz pra mãe lá no final de fevereiro é que eu vou voltar". A sensação é de abandono, a impressão é de que todos foram embora.

Se o contato humano já é difícil na multidão de brasilienses, o quanto não será pior na escassez deles. Esplanada vazia, ruas vazias, estacionamentos vazios, e corações vazios, pois parece que a solidão candanga em janeiro reclama sempre um escape do planalto central para curar-se do isolamento.

Brasília, a cidade de forasteiros, a cidade política, capital, como que se esvazia de significado no recesso de tudo, de forma que não há razão para ficar nela. Todos se arrumam por outro lugar, e, para os que ficam, a perspectiva é que o mês de janeiro será um longo e entediante período. Se chove, a melancolia da paisagem deprime a alma; se faz calor, é calor de verão, que tripudia dos que estão passando ali seus dias, e não em uma praia.

Mas, pensando melhor, quando os forasteiros buscam refúgio em suas terras natais, Brasília fica exclusiva de seus filhos. Nada de políticos, jornalistas, ou toda a massa que se aninha sob as sombras do poder, nada de usar Brasília como escritório de trabalho. Quem aqui fica é porque mora, ou gosta, ou mora e gosta. Janeiro, por esse lado, fica mais palatável, como um manifesto exprimido em tom de desabafo: Brasília para os brasilienses.

Pensando melhor, nem é assim tão ruim ficar na cidade nesse mês. As resoluções de ano-novo podem ser iniciadas sem obstáculos da falta de tempo ou do esquecimento. A chuva pode ser oportunidade para arrumar a casa, ler livros, ir ao cinema; o calor, ensejo para conhecer e explorar Brasília por outros ângulos. E aí o Lago Paranoá e toda a sua orla – quem diria? – funcionam como bons substitutos do mar e do calçadão.

O primeiro mês do ano em Brasília se desenrola num ritmo preguiçoso e bom, e a sensação é como a de alguém que, recebendo convidados em sua casa e despachando-os depois, vê-se agora livre na intimidade do lar, podendo explorar sem pressa a comodidade da residência, sentar no sofá gostosamente, ouvir uma música, fazer um lanchinho despretensioso. Sem o tumulto das multidões, é possível ouvir o canto dos pássaros na árvore ao lado de casa, pode-se calmamente apreciar o pôr do sol, aproveitar o horário de verão. E tudo em meio à mais plácida tranquilidade. Sem agitação, sem trânsito, sem estacionamentos lotados. Filas só mesmo a dos filmes infantis nos cinemas, mas isso faz parte do clima de férias.

A bem da verdade, talvez seja bom passar janeiro em Brasília. A frustração da viagem não realizada é atenuada pela vantagem de viajar fora de temporada. Afinal, a solidão candanga em janeiro pode-se transformar em uma quietude propícia a colocar a vida em dia, explorar outros cantos de Brasília e começar o ano com a serenidade que transpira da cidade.

# Paralisia de chuva

Fim de expediente na capital federal. As ruas começam a se encher de carros e o fluxo de veículos aumenta a cada minuto. Saída de trabalho, saída de escola, saída de faculdade. Quem pode sai vinte minutos antes para não encarar o trânsito.

Trânsito? Brasília não tem trânsito nem engarrafamento, dizem nossos irmãos brasileiros de outras cidades. Talvez seja verdade. Mas Brasília tem outra coisa, que trava nossas ruas alargadas e expressas. Uma espécie de paralisia.

Estamos na subida do Colorado, é um fim de tarde nublado, e um servidor público segue tranquilo em seu Gol prata, ouvindo notícias do dia no rádio. O homem dirige a uma velocidade razoável, coisa de setenta por hora.

Súbito, o carro freia bruscamente; não chega a parar por completo, mas a desaceleração é tão forte que quase ocasiona um acidente. Passado o susto, o motorista do Gol pisa leve no acelerador; o carro avança novamente, mas em velocidade reduzida, no máximo a quarenta por hora.

Quem acha que foi um animal que passou pela pista se engana. A motivação da freada veio de uma notícia que o trabalhador ouvira na rádio. Foi a mulher do tempo que afirmou categoricamente que as chances de chuva naquele fim de tarde eram muito altas, principalmente na parte norte de Brasília, em Sobradinho e Planaltina.

Chuva. A mera menção da palavra tem o poder de deslocar o pé do motorista do acelerador para o freio e o compelir a pisar até o fundo. Chuva. É preciso reduzir a velocidade imediatamente e seguir lentamente até em casa.

Chuva. Possibilidade alta de chuva. Reduzir a velocidade. Dirigir devagar quase parando.

Tal foi o que passou no interior daquele carro, no interior daquela mente, que o fez brecar subitamente. E assim ele continuou seu caminho, mas agora com excessiva prudência. Alguns carros começaram a buzinar incomodados com aquele estorvo no meio da pista. Uma mulher em um Corola branco, solícita, reduziu para saber o que se passava com o Gol, vai ver era pane mecânica. O motorista apontou para o céu e disse: "Deu na previsão do tempo que vai chover!".

A mulher estremeceu. Teve quase a mesma reação que tivera o homem. E também seguiu lentamente ao seu lado, talvez até mais apavorada. E então já eram duas as faixas quase bloqueadas. Só restava a faixa mais à esquerda, na qual os motoristas ainda preservavam a velocidade da via. E deu-se o mesmo com ela. Dessa vez um motorista de ônibus perguntou à mulher o que estava acontecendo, se era passeata, blitz ou outra coisa, e, ao ouvir que se tratava de possibilidade de chuva, também reduziu a velocidade e seguiu como os dois.

O trânsito, que já era intenso, parou. Mesmo assim, alguns apressadinhos buzinavam e tentavam alguma ultrapassagem. A impaciência misturava-se com a raiva e a tensão se acumulava entre os motoristas. Mas aí caiu uma gota, e mais outra, até que começou a chover de vez. Chuva bem fraca, é verdade, daquelas que o primeiro nível do limpador de para-brisa já dá conta de resolver.

O homem do Gol sentiu-se justificado pelas gotas, e olhou para trás como a exigir desculpas dos impacientes. Sim, a previsão estava correta, chovia na capital federal. A água levou embora a última resistência dos impacientes, que afinal também reduziram a velocidade mecanicamente e se contentaram com aquela velocidade baixa.

No final do Eixão já era possível avistar a longa fila de carros, que, na altura da Ponte do Bragueto, estava completamente parada.

Dizem os forasteiros que não há engarrafamentos em Brasília. Mas há a paralisia de chuva, o que dá na mesma. A doença coletiva se espalhou por aqui há alguns anos; hoje é uma epidemia incontrolável. Quando chove em Brasília, todos são obrigados a dirigir quase parando. Alguns especialistas afirmam que o fenômeno tem a ver com o longo período de seca, pois, quando vem, a chuva traz uma espécie de medo paralisante. Deve ser isso.

# Passarela da morte

Brasília foi feita para carros, os pedestres que se virem nos subterrâneos. Essa é a ideia por trás das passarelas subterrâneas do Eixão. Entra governo, sai governo, e as passarelas vivem ciclos de revitalização e degradação desde que Brasília foi construída.

Num desses ciclos eu era criança e adorava andar de bicicleta. O governo que entrou prometeu revitalizar e garantir a segurança das passarelas. A princípio funcionou bem, mas poucos meses depois as paredes já estavam todas pichadas.

A experiência começou a ficar assustadora para uma criança. Eu, morador das 300, gostava bastante de descer o Eixão porque tinha um primo que morava nas 200, e também pela aventura de desbravar novas quadras a cada pedalada.

A primeira etapa para a travessia era descer as escadas das passarelas subterrâneas. Pouco a pouco o cheiro forte de urina envolvia todo o ar à sua volta. E agora você estava adentrando um território selvagem. Finda a descida, a luz se tornava tênue e pesada, e a sensação era de que havia um novo mundo debaixo das ruas do Plano. Mundo de perigos e mistérios.

Mas essa luz fraca ainda era suficiente para iluminar uma inscrição que tomava a parede inteira, com letras vermelhas e trêmulas, que dizia: "Passarela da Morte". O efeito dessas palavras pichadas era de uma assombração. E era como se aquele longo corredor se tornasse subitamente um pesadelo sem fim, e as palavras vermelhas ("passarela da morte, "passarela da morte") me perseguissem na escuridão.

Que monstros urbanos haveria ali? Gangues, mendigos, criminosos? Era preciso ir rápido, só assim para fugir aos incontáveis perigos do subterrâneo. A coragem reunida transmitia-se de imediato às pernas, que giravam os pedais e movimentavam a bicicleta.

A maior parte do trajeto era no escuro. Só nos espaços entre os Eixinhos e o Eixão é que a luz solar iluminava novamente o caminho e afastava medos. Mas naquelas trevas, qualquer pessoa se assemelhava a uma sombra indistinta caminhando em minha direção. Quando passava, via que não era mais que uma senhorinha inofensiva se dirigindo à parada de ônibus. Mas então vinha outra sombra, e mais outras, e a agonia permanecia.

O próprio ato de pedalar ali dentro não era nada seguro. Os azulejos quebrados do chão às vezes formavam crateras, difíceis de serem vistas no breu. Eu movia o guidão num zigue-zague cauteloso para não furar os pneus da bicicleta.

Quando a escada do outro lado da passarela era avistada, era sinal de vitória. Venci uma vez mais a passarela da morte! Agora era apenas emergir à vida normal do Plano e respirar os ares das 200.

Qual não era a surpresa ao encontrar lá em cima uma dupla de policiais com roupas coladas de ciclistas? (Eram policiais que à época faziam rondas de bicicletas pelas redondezas). Avistá-los me dava a segurança e o aviso de que eu estava de volta à civilização.

Mas por que eles não ficavam lá embaixo, no perigo? A vida tem corredores escuros que você tem de atravessar sozinho, foi o que aprendi com a Passarela da Morte.

# Terremoto em Brasília

O Brasil parece mesmo um país tropical abençoado por Deus. Em nossa imensidão continental de terras, não passamos por nenhuma divisa de placa tectônica. Olhe o Chile, por exemplo, país fino e comprido como uma serpente, mas que está todo ele na fronteira entre as placas sul-americana e de Nazca, e por isso tem experimentado dos piores tremores de terra.

Sensação de terra tremendo no Brasil talvez só em jogo de futebol. Mesmo assim, volta e meia temos a notícia de um tremor ou outro que chega a Brasília, e que o Observatório Sismológico da UnB mede com poucos graus na escala Richter. Nada que preocupe a estrutura dos prédios ou que assuste as pessoas.

Há muitos anos Brasília registrou um tremor forte a ponto de ser perceptível. Me lembro bem. Eu era criança e estava dormindo. Não que eu tenha acordado com a cama tremendo. Não, continuei dormindo tranquilamente, e só no dia seguinte recebi a notícia do "grande terremoto em Brasília" pelos meus pais. Lamentei ter perdido esse evento histórico por estar entregue ao sono, e fiquei muito intrigado, fazendo perguntas do tipo "vocês caíram? os pratos e os copos quebraram no chão? algum prédio desabou?". Não, nada disso. Então como eles sabiam que houvera um terremoto se nenhuma dessas coisas havia acontecido? – pensei comigo.

Meus pais haviam saído para jantar na casa de uns tios na noite anterior. E minha mãe, respondendo-me sobre como identificaram o terremoto, disse: "Quando a gente estava jantando, vimos o Lúcio tremendo...". A explicação fez total sentido para mim.

O tio Lúcio era então uma pessoa bastante séria e reservada. Usava um bigode preto e espesso, que compunha juntamente com seu corpo alto e magro uma imagem não muito simpática para seus sobrinhos. Era inteligente e respeitado, e, como fosse introvertido, não tinha problemas em ficar sentado num canto deslocado das conversas.

Então imaginei a cena. Meus pais e os outros tios sentados à mesa, rindo e conversando, enquanto o tio Lúcio estava à parte acomodado numa poltrona, olhando para a janela. Lá pelas tantas, alguém, com um gesto, pediu silêncio, colocando o dedo indicador à boca, e depois, apontando calmamente para frente, disse baixinho: "Olhem o Lúcio". A conversa cessou, e quando todos olharam, viram que ele estava tremendo em sua poltrona. Só podia ser um terremoto.

Guardei em minha memória essa cena do grande terremoto em Brasília e por muitos anos não a acessei. Há algum tempo, porém, alguém mencionou o assunto do terremoto, e lembrei da cena inverossímil do tio Lúcio. Não fazia o menor sentido. Confrontei os fatos, tentei lembrar de todos os detalhes e pedi novas explicações a minha mãe.

Descobri o erro. Na verdade, quem estava tremendo não era o "Lúcio", e sim o "lustre". Tive assim de refazer mentalmente aquela cena. Todos jantando à mesa quando alguém reparou no lustre, que estava tremendo. Sim, faz mais sentido, mas é mais sem graça. Cabeça de criança é mais divertida. Além disso, uma nova reconstituição de memória não apaga a anterior; por isso, quando o assunto é terremoto em Brasília, sempre me vem à cabeça a imagem do tio Lúcio sentado e tremendo em sua poltrona.

# Um bandolim no médico

Às vezes a espera na antessala de um médico pode ser agoniante. Não me refiro aos problemas de saúde que podem levar alguém ao médico, e sim à espera mesmo. Suponha um exame de rotina, aquela ida anual ao oftalmologista. Você apanha uma revista, mas não consegue se concentrar na leitura porque a televisão está com um volume muito alto. Ou então você quer mesmo é assistir a televisão, mas aí não acha lugar de frente, tendo que sentar-se embaixo do aparelho e assistir à reação das pessoas com as imagens incríveis que você acha estar perdendo.

De repente, aquela mulher que chegou bem depois de você é chamada pela secretária. Seu senso de justiça reclama algum protesto. Você fica quieto. Vai ver ela vai se consultar com outro médico. A espera, nesse momento, ainda não incomoda tanto, pois você sabe que a probabilidade de achar médico pontual é igual a de chover em Brasília no mês de agosto.

O estado inicial de complacência, no entanto, tem limite. Ultrapassada certa linha temporal, a espera é dominada por um fastio mental que torna maçante cada minuto adicional de atraso. Folhear o terceiro exemplar de *Caras* agrava o enfado, melhor deixá-lo de lado. Mas a televisão irrita ainda mais (alguém muda de canal, por favor!). Não há mais nada para ver no celular. O jeito é ficar encarando a secretária para ver se ela consegue um encaixe para você que chegou com consulta marcada.

Outro dia eu estava na antessala de um consultório médico, no estágio em que as revistas ainda me entretinham, perdido entre platitudes de reportagens antigas e imagens interessantes. Os pacientes foram sendo chamados um a um, e fiquei sozinho na sala. Aquela discriminação me intrigou, mas não ao ponto de me fazer levantar e indagar a secretária; ainda havia paciência no meu saco.

Chegou de repente um senhor com um instrumento musical nas mãos e sentou-se ali perto. E, logo quando o aborrecimento da demora começou a despontar dentro de mim, notas musicais foram ouvidas pelo consultório. Era o senhor arrancando sons de seu instrumento. Olhei melhor, e vi que era um bandolim que ele empunhava entre seus braços.

Não chegava a ser uma apresentação musical, já que as cordas, tocadas de forma bem suave, produziam um som distante. Creio que era um apego daquele senhor com seu instrumento, um amor pela música que o compelia a tocar a qualquer tempo e a qualquer hora.

Fosse o que fosse, aquela manhã no médico ficou bem mais divertida. O alegre dedilhar do bandolim, o choro ressoante das cordas, as melodias entranhadas nas raízes brasileiras, tudo aquilo servia para trazer arte a um momento naturalmente insosso.

Aliás, a música parece ter esse poder de acalmar instintos e relaxar a alma. O canto dos aedos da antiguidade, a harpa do salmista de Israel, as sinfonias que embalam sonos de bebês e até a bossa nova nos elevadores de edifícios comerciais – expressões musicais que fazem o espírito distrair-se nessas esperas da vida.

Envolvido pelo poder da música, nem me dei conta da passagem do tempo, e continuei folheando a revista com um fundo musical de qualidade, e ao vivo. A quinta revista que eu peguei falava sobre personalidades marcantes de Brasília naquele ano. Abri por acaso e me deparei com uma matéria completa sobre Reco do Bandolim. Havia uma foto, e qual não foi a surpresa ao constatar as semelhanças entre o tal do Reco e o senhor que estava dedilhando ao meu lado.

Caramba, é ele mesmo! Olhei a revista, e olhei para o senhor, e repeti esse gesto umas três vezes, avaliando cada detalhe da fisionomia a ver se as duas figuras correspondiam. Só podia ser ele. Afora as semelhanças físicas, quem mais levaria um bandolim para o médico e o tocaria tão bem enquanto aguardava a consulta?

Era ele, não havia dúvida. Reco é figura distinta da capital, presidente do Clube do Choro e bastante ligado à cultura nacional. Quis falar com ele e mostrar-lhe a revista com a reportagem.

Mas logo a secretária me chamou para a consulta. Mais de uma hora depois do horário marcado. Só que dessa vez nem vi o tempo passar.

# Vamos gourmetizar Brasília

Há por aí uma onda de gourmetização em Brasília. Substituir dogs tradicionais por hot-dogs gourmet. Querem trocar o bom e velho pipoqueiro – com suas pipocas mergulhadas no corante rosa que levam de três dias a uma semana para sair do corpo – por pipocas gourmet com essência de azeite e especiarias. Querem colocar no lugar do x-tudo tradicional uma quantidade inumerável de hambúrgueres gourmet feitos com blend de angus e picanha. Cervejas artesanais, churros gourmet, brigadeiro gourmet, paleta mexicana. Querem gourmetizar Brasília.

Diante da crítica generalizada sobre a gourmetização, vou na contramão e afirmo: vamos gourmetizar Brasília! A razão é simples: a gourmetização tem contribuído para preencher os espaços vazios da capital e dar vida à cidade. Acompanhemos o raciocínio.

Colocar um invólucro de refinamento em comidas tradicionais, e cobrar um preço absurdo por isso – eis o processo de gourmetizar, tão característico de nossos tempos. Convenhamos, nessa geração em que cada um quer ser MasterChef, julgando a melhor combinação dos ingredientes e a apresentação dos pratos, teria como ser diferente? Mesmo assim, alguns veem no fenômeno um inflacionamento absurdo e sem lógica. Afinal, por que pagar vinte reais em uma pipoca de leite ninho se o pipoqueiro vende um saco maior com aquela pipoca doce com gosto de infância?

Realmente, pelo lado do bolso, a gourmetização não é das melhores coisas. É desejável, sim, pelo lado do paladar, mas ainda mais pelo lado social. Geralmente, a gourmetização é fenômeno que se dá pelo veículo dos food-trucks, e aí está sua grande vantagem para Brasília.

Brasília é a cidade dos espaços vazios. A escala monumental, idealizada para o eixo vertical, extravasou para outros cantos, tanto que não se cogita viver a pé na cidade-avião. Nesse mundo habitado por carros, perde-se a agitação, a espontaneidade e a vivacidade das pessoas andando a ermo, flanando, frequentando o comércio, aglomerando-se nas praças públicas, cruzando pelas esquinas.

A cidade projetada em setores compartimentados tornou-se inimiga dos espaços públicos, dos encontros de gente. Não se acha aqui um calçadão, como em cidades de praia, nem avenidas ou praças públicas propícias ao movimento de pessoas. Encontros só mesmo em lugares fechados ou particulares, como shoppings, clubes, restaurantes ou casas de amigos.

Nessa vastidão desabitada de cerrado, dá para contar nos dedos aqueles que ocuparam locais públicos e criaram pontos de encontros populares por intermédio da comida: o dog da igrejinha da Asa Sul; a bomba do Guará (dizem que levou o McDonalds à falência); os dogs da entrada de Taguatinga; o Churros do Tio, que virou até franquia, nas saídas das escolas; e o Macarrão na Rua. Verdadeiros heróis que desbravaram as ruas de Brasília. Mas são poucos, raros. O vazio ainda permanece.

Passear em Brasília à noite (e de carro) ainda traz uma visão desoladora como que de cidade-fantasma. Eis que vieram os food-trucks, e com eles a gourmetização, talvez como um subproduto necessário para garantir a viabilidade econômica dos empreendimentos a quatro rodas.

Aliás, que ideia genial essa dos food-trucks. Levar comida de qualidade para qualquer canto ou evento, sem se amarrar em pontos fixos (nada mais característico do dinamismo pós-moderno). Não se trata de uma nova forma de comércio; para Brasília o impacto é de uma revolução social. Passamos a ocupar, nos últimos anos, locais antes marcados pelo vazio e pela desolação.

A comercial estranha e mal-assombrada da 205/206 norte de repente ganhou vida. As quadras adjacentes, que careciam de uma simples padaria, subitamente ganharam um encontro de food-trucks, todas as sextas, com comida de qualidade e até música ao vivo. Dá gosto ver moradores locais, até então órfãos da agitação dos comércios, andando até ali, comendo e confraternizando. A gourmetização que vem a reboque dos carros de food-trucks é até um preço justo que se paga pela revitalização da região.

A Praça do Cruzeiro, marco da capital, local da primeira missa, lugar onde se tem um dos melhores ângulos para contemplar o pôr do sol de Brasília, sempre foi marcada pelo abandono. Praça suja, pichada e com cheiro de urina. Como conferir a ela a dignidade merecida? Os food-trucks foram a solução. De sexta a domingo a praça agora vive cheia de gente, namorados tirando selfies do pôr do sol, famílias passeando, amigos em rodas de conversa. Tudo regado a boa comida gourmet.

O mesmo movimento se repete no Sudoeste, no Park Way, no parque de Águas Claras, na entrada dos condomínios do Jardim Botânico, no CCBB, no Parque da Cidade, nos eixinhos.

Brasília está sendo ocupada, vivida, conhecida por seus moradores. O veículo: os food-trucks. O preço: a gourmetização. Então vamos gourmetizar Brasília!

# A fé do borracheiro

Quem desce pela pista do autódromo por certo já cruzou olhar com uma pequena construção de alvenaria que repousa solitária no canteiro central. Talvez muitos não a tenham notado pela pressa de pegar aberto o sinal do Ceub ou pela distração com manobras dos carros de autoescolas ali ao lado. Mas lá está a casinha, que é na verdade uma borracharia.

Além do telefone para contato, estão pintadas naquela casinha letras de fé e esperança, pequenas mensagens ou versículos bíblicos Fato curioso, que sobressai principalmente quando comparado ao cenário de desolação que vem da brancura desbotada do muro do autódromo.

Não se trata de uma frase-amuleto como as estampadas nas boleias de caminhão ou na fachada de algumas lojas, como fosse atrair a sorte ou prosperidade ao negócio pela religiosidade das palavras. São declarações autênticas de fé. Apesar de não conhecer o borracheiro, arrisco essa inferência sobre a genuinidade de sua crença baseado nas mensagens em si e na frequência com que são mudadas.

A mais recente diz o seguinte: "Louvai ao Deus eterno, pois ele é fiel e justo". Alguns meses atrás, lembro de ter visto o "Leia a Bíblia", e mais antigamente algo como "Eu sou a ressurreição e a vida". A mudança constante nas mensagens, a tinta gasta na parede a cada nova frase, o esmero na tarefa quase escondida, tudo faz nascer a admiração por esse desconhecido cuja fé está estampada na rua.

Quem seria esse anunciador de boas novas pela cidade? Seria homem, mulher, o próprio borracheiro ou alguém que apenas se vale da casinha da borracharia? Seja quem for, eis aí um caso onde a mensagem suplanta a importância do mensageiro, pois eleva os olhos do cotidiano para os céus, fazendo com que os motoristas pela cidade, correndo contra o tempo, possam pensar no sublime, como diz a música.

Joguei no Google. Descobri quem é o cidadão. Há algumas reportagens sobre ele. Leio que seu nome é Raimundo, e que ele de fato reside naquela construção de seis metros quadrados, que algum dia já funcionou como bilheteria do autódromo. Raimundo é borracheiro, e também trabalha de bicos em oficinas lá da Asa Norte. Nada se fala sobre sua fé ou se ele é o autor daquelas frases pintadas.

Prefiro, porém, continuar a desconhecer esse personagem. Prefiro a ideia de uma pessoa anônima, misteriosa – o borracheiro do autódromo. O borracheiro do autódromo é daquelas figuras que dão à cidade um toque de humanidade, que deixam marcas, que fazem com que o concretismo do asfalto, das placas e anúncios, dos carros de metal e das pessoas de fone, ganhe cores de vida. No caso, as cores são o amarelo da casinha misturado com as tintas da fé de cada mensagem. A cidade agradece essas tonalidades que brotam do asfalto cinzento.

# Pode ser por um real?

Vans piratas em Brasília, que saudades! No trânsito era aquela balbúrdia, as paradas de ônibus ficavam atulhadas de ônibus e vans disputando espaço e passageiros, a paz era quebrada com aqueles gritos de "Rodoviária, Pátio Brasil, W3 Sul!".

Mas para os passageiros era um bom negócio. Antes de o ônibus chegar, já tinham passado mais de três vans. Além disso, você ia o percurso lá, sentadinho, quem sabe no ar condicionado e ouvindo uma musiquinha. O melhor, claro, eram os motoristas alucinados. A imprudência deles era a garantia da nossa rapidez.

Espera aí. Soou algo errado esse pensamento. Admitir o uso do transporte pirata, preferi-lo aos ônibus legalizados e ainda apreciar a velocidade inconsequente das vans... não combinam com um cidadão de bem. Ora, para o homem honesto a justeza do ato depende do conceito de justiça utilizado, e, como se sabe, a experiência nos indica que para cada situação há uma teoria própria.

Vejamos. Ao preferir o transporte pirata junto-me a Bentham e Mills, pois que há um aumento da utilidade agregada sem violar o princípio do dano – um comportamento justo, portanto. Se Sócrates, em seu apego às leis da cidade, ou Kant, com seu imperativo categórico, me condenam, tenho ainda o beneplácito de Thoreau, entre tantos outros.

Mas se tratamos de relativizar a injustiça de nossos atos, as injustiças contra nós cometidas são sempre afrontas universais. Charles Dickens diz que, no pequeno mundo em que vivem as crianças, não há nada percebido ou sentido com tanta intensidade do que a injustiça. Sim, crescemos e aprendemos a reclamar direitos enquanto passamos a vida a justificar ações.

Uma vez peguei uma van pirata para fazer o percurso W3-L2, pouco me importando com teorias da justiça, sabendo apenas que chegaria mais rápido ao destino. Entrei e sentei lá no fundo. Abri a carteira e dei o dinheiro ao cobrador. Na época a passagem custava R$ 1,50. O cobrador era um jovem de Nike Shox doze molas e calça jeans fashion com manchas e rasgos, ou seja, o típico cobrador das vans piratas de Brasília. O motorista já era mais velho.

A van passou pelo Parque Olhos D'Água e parou em alguma parada ali na L2. Uma mulher ameaçou entrar no veículo, voltou, e perguntou primeiro quanto era a passagem. O cobrador anunciou o preço: R$ 1,50. Ela foi consultar a carteira, enquanto a impaciência pela demora já se alastrava entre os passageiros.

A moça respondeu com falar arrastado e pidão:

– Ai, moço, eu só tenho um real....

E aí? O cobrador fez cara de negação ao pedido subentendido da mulher, olhou para baixo e esboçou uma resposta, mas então se voltou ao motorista. Passou a bola adiante:

– A mulher tá falando que tem só um real.

O motorista interveio com toda a simpatia e com a melhor das intenções:

– Pode ser, não tem problema não, entra!

E ela entrou e se sentou e deixou a moedinha na mão do cobrador. Mas antes que a van começasse a andar de novo, uma passageira foi acometida por um grave senso de injustiça, que a fez protestar indignada:

– Por que para ela é um real e para a gente é um e cinquenta?

E o motorista:

– Uai, gente, a passagem é um e cinquenta, mas como ela não tinha e pediu a gente fez por um.

Pobre motorista, achou que a explicação fosse acalmar a passageira. Mas não. Ela, assim que ouviu o motivo da diferença do preço, logo rebateu:

– Então eu estou *pedindo* que para mim seja por um real.

Estendeu a mão ao cobrador exigindo o troco dos cinquenta centavos. O cobrador, é lógico, voltou o olhar ao motorista. Fora dele a ideia do desconto, agora o problema era com ele.

E o motorista, que situação, ele só queria era de bom grado levar uma passageira que não tinha cinquenta centavos na carteira. Talvez pensou que fazia algo justo, sem prever que sua justiça aqui incorreria em injustiça alhures. Seja como for, determinou ao cobrador que devolvesse os cinquenta centavos da passageira injustiçada.

E a injustiça, como se sabe, é universal. Então foi aquela festa. De repente todos na van gritando "eu também quero por um" "eu também". Usar o transporte pirata, como todos ali usavam, era justo? Depende. A diferença no preço das passagens era injusta? Sem dúvida. Eu, que observava tudo lá do fundo do automóvel, não consegui ficar de fora do estorno. Também estendi minha mão, e nem precisei falar nada, pois àquela altura o cobrador já estava distribuindo cinquenta centavos para todos os passageiros.

Desci logo em seguida.

**EDITORAMOINHOS.COM.BR**

Este livro foi composto Meridien LT STD,
em papel pólen soft, em fevereiro de 2019, para a Editora Moinhos,
o Carnaval estava pra chegar, o clima não se mantinha em equilíbrio e
um galo cantava às 2h45 da madrugada.